Über *Schnall dich an, sonst stirbt ein Einhorn!*:

«Gemeine Erziehungstricks, die wirken.» *bild.de*

«Solche Tricks und Anekdoten sind lustig und haben noch Jahre hohen Erinnerungswert.» *Kölner Stadt-Anzeiger*

Johannes Hayers schreibt für Bühne, Hörfunk und Fernsehen, hat vier Neffen, vier Nichten und lebt in Düsseldorf. Sein Buch *Schnall dich an, sonst stirbt ein Einhorn!*, das er zusammen mit Felix Achterwinter schrieb, wurde zum Bestseller.

Mia L. Meier studierte Kulturwissenschaften, arbeitete im Marketing und schreibt heute für den Hörfunk und verschiedene Zeitschriften. Sie lebt mit ihrem Mann und zwei Kindern in Freiburg.

Zusammen veröffentlichten sie bereits das Buch *Du bist viel schöner, wenn ich recht habe* mit nicht ganz legalen Beziehungstricks.

Johannes Hayers und Mia L. Meier

Ab ins Bett, sonst stirbt ein Einhorn!

Neue nicht ganz legale Erziehungstricks

Rowohlt Taschenbuch Verlag

Originalausgabe
Veröffentlicht im Rowohlt Taschenbuch Verlag
Reinbek bei Hamburg, Oktober 2018
Copyright © 2018 by Rowohlt Verlag GmbH, Reinbek bei Hamburg
Umschlaggestaltung ZERO Media GmbH, München
Umschlagabbildung Fine Pic, München
Graphiken im Innenteil Johannes Hayers
Cartoons im Innenteil Mia L. Meier
Satz aus der Georgia
Gesamtherstellung CPI books GmbH, Leck, Germany
ISBN 978 3 499 63368 3

INHALT

Vorwort

Liebe Leserin, lieber Leser,

es ist schon wieder passiert, und es ist grausam: Einhörner schlagen Pädagogen! Denn so leid es uns für die Pädagogen tut, bei der Auswahl der Erziehungstricks für dieses Buch kommen wieder nur Eltern und ihre Kinder zu Wort. Wie bitte? Ganz normale Eltern? Ja. Und dazu auch noch Eltern, die nicht einmal alle verfügbaren Erziehungsratgeber gelesen haben? Ja. Sie erzählen einfach so, mit welchen Tricks sie ihre Kinder erziehen? Ja. Okay, nein. Einfach so, das stimmt nicht. Es war auch dieses Mal nicht immer ganz einfach, sie dazu zu bewegen. Denn noch immer sorgen sich viele Eltern, sie könnten durch ihre unkonventionellen Methoden den pädagogischen Volkszorn entfachen. Nur nach stetigem guten Zureden und vor allem stetigem Zuprosten vertrauten sie uns ihre besten Tricks an. Und mit die «besten» sind nicht immer die pädagogisch wertvollen Tricks gemeint. Es sind die ungewöhnlichen, teilweise unglaublichen, hinterhältigen, kreativen, originellen, unmoralischen, listigen, aber vor allem lustigen Tricks. Nein, auch dieses Buch ist kein seriöser Ratgeber, aber auch dieses Buch ist eine liebevolle Bitte: «Nehmen Sie Ihr Kind mal wieder auf den Arm!»

Wir wünschen Ihnen verboten viel Vergnügen bei den nicht ganz legalen Erziehungstricks.

Johannes Hayers & Mia L. Meier

Fit ins Leben

Putzmunter gegen Zähneputzen

Wer Menschen danach fragt, was für sie Glück bedeutet, der erhält nicht selten die Antwort: Das Lächeln eines Kindes. Vera kann das bestätigen: «Wenn meine Tochter sich mal wieder weigert, ihre Zähne zu putzen und dann lächelnd ausatmet, fall ich von dem Duft ohnmächtig hintenüber. Und wenn ich mir dabei nicht den Kopf anschlage, hab ich Glück gehabt.» Veras sechsjährige Tochter Lina hält regelmäßiges Zähne putzen für total überbewertet. Den eigenen Atem riecht sie nicht, und beim Blick in den Spiegel kann sie ihren blinkenden Beißerchen nur eine Note geben: Eins plus mit Sternchen. Vera wird klar, dass Logik und Pädagogik nicht die besten Kumpel sind, wenn ihre liebe Tochter das Zähneputzen mit genau dem Lächeln verweigert, das sie dem Zähneputzen verdankt.

VERA: «Lina, du musst dir die Zähne putzen.»

LINA, LÄCHELND: «Nein.»

VERA: «Lina, du bekommst Karies.»

LINA: «Nein, danke.»

VERA: «Nein danke? Das kann man sich nicht aussuchen, Karies bekommt man einfach.»

LINA: «Wir müssen ja die Tür nicht aufmachen.»

VERA: «Wann?»

LINA: «Wenn Karies gebracht wird.»

VERA: «Karies wird nicht gebracht.»

LINA: «Dann ist ja gut.»

VERA: «Nein, dann ist nicht gut. Karies bekommt man so oder so.»

LINA: «Ja, aber dann brauche ich doch auch nicht zu putzen!»

VERA: «Lina, wenn du jetzt nicht putzt, dann bekommst du bald Löcher in den Zähnen.»

LINA: «Wozu?»

VERA: «Wozu? Na, wozu die Löcher sind, weiß ich auch nicht.»

LINA: «Oh, aber ich weiß es! Das ist so wie beim Käse.»

VERA: «Ja?»

LINA: «Ja, da ist der gute Geschmack um die Löcher drum herum.»

VERA: «Nein, das schmeckt überhaupt nicht gut, und es riecht schlecht.»

LINA: «Dann will ich keine Löcher.»

VERA: «Sehr gut, dann putz dir jetzt die Zähne!»

LINA: «Nein, danke.»

VERA: «Willst du dir wirklich nicht die Zähne putzen?»

LINA: «Nein, danke.»

VERA: «Nein, danke? Immer nur nein danke? Eines Tages stehst du vorm Traualtar, du lächelst den Bräutigam ohne Zähne an, und weißt du, was der dann sagt?»

LINA, LÄCHELND: «Nein, danke?»

VERA: «Genau.»

LINA: «Mama?»

VERA: «Ja.»

LINA: «Was ist ein Bräu-Tiger?»

VERA: «Ein Bräu-Tiger? Das ist jemand, der mit einem Bier in der Hand länger auf dem Sofa sitzen kann als unsere Katze.»

LINA, BEGEISTERT: «Papa!»

VERA: «Äh ... richtig.»

LINA: «Mama, dann hat Papa dich wegen deiner schönen Zähne geheiratet?»

VERA: «Ja, das hat er.»

LINA: «Ah, Gott sei Dank hat er dich genommen. Überleg mal, mit Karies wärst du noch immer alleine.»

VERA: «Na ja, ich ...»

LINA: «Aber ich nicht, ich bleib nicht allein. Papa hat gesagt, eine wie ich muss sich nicht aufs Aussehen verlassen, denn ich hab auch was im Köpfchen.»

VERA: «Ähhh ...»

Der Trick: Das lächelnde Mädchenmonster
Von Vera (34), Medizinische Assistentin, für ihre Tochter Lina (6)

Vera durchstöbert den Laden ihrer Freundin Mara, einen Laden für Karnevals- und Halloweenartikel. Sie erzählt Mara, dass ihre Tochter wohl denkt, ihr Papa habe eine hohle Nuss geheiratet und Karies werde an die Tür gebracht. Da fällt ihr Blick auf ein richtig fieses Gebiss mit schiefen, gelben und braunen Zähnen. Mara schaut sich das Gebiss an und hat eine glänzende Idee.

Der nächste Tag. Vera und Lina kommen gerade vom Kindergarten nach Hause, da klingelt es an der Tür. «Machst du mal auf, Schatz?», ruft Vera. Lina öffnet die Tür. Ein hübsches Mädchen, ungefähr 14 Jahre alt, steht vor ihr und hält ein Paket in der Hand. Vera kommt hinzu: «Aha, das Paket ist da.» Lina lächelt das Mädchen an. Das Mädchen lächelt zurück. «Uaaaah!», brüllt Lina: «Was hast du denn für Zähne?»

«Aber so etwas sagt man doch nicht, Lina, das ist sehr unhöflich», meint Vera, die das Paket entgegennimmt. Das junge Mädchen mit dem fiesen Gebiss geht auf Lina zu, die sich angeekelt abwendet. «Tja, Lina, ich habe solche Zähne, weil ich sie mir früher zu selten geputzt habe. Heute putze ich sie mir täglich drei

Mal.» Sie spreizt den Mund so, dass Lina das ganze schauerliche Gebiss sehen kann. «Aber heute ist es zu spät. Leider. Tschüs!» Dann macht sie kehrt und verschwindet. Vera hat die Tür hinter Maras Nichte noch nicht ganz geschlossen, da sprintet Lina ins Badezimmer, reißt die Zahnbürste mit Becher aus der Halterung, knallt drei Finger dick Zahnpasta drauf und putzt sich so leidenschaftlich die Zähne, dass ihr Mund aussieht, als hätte sie einen Eimer Sahne ausgeschleckt.

Wenn Lina jetzt ihre Mutter anlächelt, fällt Vera nicht mehr hintenüber. Sie lächelt zurück. Und das kann doch nun wirklich auch eine Quelle des Glücks sein: das Lächeln einer Mutter.

Das neue Handy, schon wieder

Anjas 15-jähriger Sohn Mattis ist ein Vorzeigekonsument, den so schnell nichts und niemand vom Kauf des neusten Handys abhalten kann. «Er ist der Held des Konsums», meint Anja und ist sich sicher, dass in nicht allzu ferner Zukunft eine Bronzestatue ihres Sohnes mit diesem Titel das Foyer irgendeines Handykonzerns schmücken wird. Das neueste Handy ist aber nicht immer das beste, sondern meistens nur eins: das teuerste. Für das, was das neue Modell dieses Mal kostet, könnte Anja tatsächlich eine lebensgroße Bronzestatue ihres Sohnes anfertigen lassen. Auf Anhieb fällt ihr kein guter Trick ein, um diese nutzlose Anschaffung zu verhindern und sie beschließt, erst mal eine Nacht darüber zu schlafen. Am nächsten Morgen breitet sich ein hoffnungsvolles Lächeln auf ihrem Gesicht aus, als sie die Zeitung aufschlägt ...

Wahnsinniger Virus?

Jugendlicher verzichtet auf neuestes Handymodell! Ärzte ratlos. Gründe unklar. Industrie geschockt: Was, wenn es ein Virus ist? Wie tief stürzt der Börsenkurs?

Bonn (dap) – Gestern, 12 Uhr Mittag: Ein 15-jähriger Junge, ca. 1,75 groß, unauffälliges Äußeres, auf den ersten Blick völlig harmlos, betritt einen Handyladen in der Bonner Innenstadt. Der Verkäufer führt ihm gerade die neuesten Smartphones vor, da passiert es: Der Junge entscheidet sich nicht für das neueste Modell, sondern für ein älteres Vorgängermodell. Verkäufer Tobias M. hat das zunächst für einen geschmacklosen Scherz gehalten. Als ihm klar wird, dass dieser Junge es bitterernst meint, erleidet Tobias M. einen Kreislaufzusammenbruch und muss vom Notarzt beatmet werden. Auch heute noch sieht man Tobias M. den Schock an. Kreidebleich berichtet er: «Ich schwöre es, er hat wörtlich gesagt: ‹Mir reicht das alte Modell, ich brauche nicht immer das neueste›, das waren seine Worte.»

Experten sind ratlos. Bisher weiß niemand, was den Jugendlichen dazu bewogen hat, ein Modell zu wählen, das fast ein Jahr alt ist. Es handelt sich um ein günstigeres Modell, langsamer und mit weniger Speicherplatz. Der 15-Jährige wird zurzeit in einer Düsseldorfer Spezialklinik untersucht. Der Verdacht, es könnte sich dabei um einen ansteckenden Virus handeln, wurde bisher nicht bestätigt. Die Industrie ist trotzdem in Aufruhr. Unternehmen der Technikbranchen schlossen bei Börsenende mit einem deutlichen Minus. Der Wirtschaftsminister hat seinen Aufenthalt in China abgebrochen und trifft sich morgen mit Vertretern der Industrie sowie der Pharmabranche, die für den Notfall an einem Gegenmittel arbeiten soll.

Ja, richtig, es war nur ein Traum, denn Anja meint: «Beim kleinsten Schnupfen legt sich mein Sohn sofort ins Bett, aber gegen so einen Virus wäre er hundertprozentig immun.» Und jetzt? Was tun? Ihren Sohn mit Argumenten überzeugen? Das wäre eine nicht minder große Schlagzeile wert: «15-Jähriger von guten Argumenten überzeugt!» Nein, Mathis hört nur auf den örtlichen Handyverkäufer. Klar, der ist gerade mal Mitte 20, also fast noch ein Kind, und will ihrem Sohn immer «the hottest shit on earth» andrehen. Also stattet Anja dem kleinen Handydealer jetzt einen mafiapatenmäßigen Besuch ab. «Ich werde ihm ein Angebot machen, das er nicht ablehnen kann.»

Der Trick: Besuch beim Dealer

Von Anja (43), Beamtin, für ihren Sohn Mathis (15)

Das letzte Handy von Mathis, genau wie das von Anja und ihrem Mann, wurde in diesem Handyladen geordert. Sie ist also Stammkundin und hat ein gutes Druckmittel, da muss sie dem Dealer nicht einmal mafiapatenmäßig die Beine brechen lassen. Nach einem kurzen, aber intensiven Gespräch mit dem Verkäufer fragt Anja: «So, fassen wir zusammen: Wenn mein Sohn hier alleine auftaucht oder ich mit ihm hierherkomme, dann sagen Sie was?» Der von Anja eingeschüchterte Verkäufer spult ihre Anweisung herunter: «Das neue Modell ist gar nicht so gut, das ältere ist besser. Das neue wird im Moment extrem in den Markt gepusht, das ist reine Marketingstrategie, hat nichts mit der Qualität zu tun.»

«Gut, junger Mann. Und warum haben Sie selbst das neue?»

«Weil man uns dazu zwingt? Marketingstrategie und so?»

«Richtig! Der Kandidat hat 100 Punkte.»

Hat sich der Handyverkäufer wirklich darauf eingelassen? Klar. Erstens hat er Angst vor Anja – sie kommt jeden Tag an seinem Laden vorbei, und ihr Blick sagt eindeutig: «Bursche, wenn du nicht tust, was ich dir sage, dann ...» – und zweitens verbaut er sich sonst das weitere Handygeschäft mit der ganzen Familie. Und so bekommt Mathis dieses Mal nur das zweitneuste Handy und ist trotzdem zufrieden. Denn er hat geiles Insiderwissen: «Das neue ist gar nicht so gut, das ist reines Marketing.»

Na also! Und wenn dieser Trick sich jetzt wie ein Virus verbreiten würde, dann ... oh, Entschuldigung, kurze Pause, das Telefon klingelt: «Ja? Wer ist dort? Das Wirtschaftsministerium? Bitte? Diesen Trick nicht veröffentlichen? Sonst bekommen wir was? Aha, spezielle Präparate unserer Pharmaindustrie. Kostenlos? Oh, das ist aber nett, dass Sie uns kostenlos ... Ob wir gerne zu Fuß gehen? Ja, schon ... Ob wir das auch weiterhin tun wollen? Oh, Moment, ja jetzt ... ja, jetzt verstehen wir, was Sie meinen. Bitte? Ja, Ihnen auch einen schönen Tag. Bitte? Ja, wir hoffen auch, dass es nicht unser letzter ist. Auf Wiederhören.»

Magisches Mäcces

«Und wenn du ganz brav bist, dann gehen wir morgen zu McDonald's.» Anne versteht diesen Satz ihrer Freundin Ellen überhaupt nicht. «Ellen, wieso muss dein Sohn Junk Food essen? Und wieso verkaufst du ihm das als Belohnung? Das ist ja voll abartig!» Ellen wiederum versteht Anne nicht: «Aber Tim liebt es, dort essen zu gehen.»

«So scheiße kochst du doch gar nicht. Versteh ich nicht.»

«Er findet das halt toll, was soll ich machen?»

«Ja, er findet das toll, weil die Werbung ihn darauf heißmacht und weil sie die Blagen mit Spielzeug als Beigabe süchtig machen wollen. Das sollte man aber nicht auch noch unterstützen.»

«Ja, ja, du bist mal wieder die Supermutti. Wie machst du das denn bei Fiona und Caroline?»

«Weiß ich noch nicht. Sie dürfen da nicht hin.»

«Das kannst du gar nicht kontrollieren. Spätestens in einem Jahr sitzen die da jedes Wochenende. Was willst du dagegen tun?»

«Keine Ahnung. Ich gehe mit hin und kotze ihnen auf die Teller. Vielleicht so?»

«Ja, das klingt vernünftig. Könnte funktionieren.»

Als wir mit Anne sprechen, hat sie ziemlich starke Ausdrücke für die manipulativen Methoden der Fast-Food-Industrie übrig, die wir hier aus Jugendschutzgründen nicht wiedergeben können. Dazu muss man wissen, dass Annes Charakter mit dem Wort «impulsiv» nur sehr unzureichend beschrieben ist. Trotzdem ist sie in der Lage, einem ausgeklügelten Plan zu folgen, um ihre Kinder zumindest vorerst von Fast-Food-Ketten (andere sind in ihren Augen genauso schlimm, wenn nicht schlimmer, das müssen wir an dieser Stelle erwähnen) abzuhalten.

Der Trick: Manipulativ bei Mäcces

Von Anne (40) und Nils (42), Personalberaterin und Arzt, für ihre Töchter Fiona (8) und Caroline (6)

Anne macht genau das Gegenteil ihrer Freundin Ellen. Sie gibt ihren Kindern zu verstehen, dass ein Besuch bei der fiesen Schnellfutterabfertigung eben keine Belohnung darstellt. Statt

Samstagmittag zu kochen, sagt sie: «Ach, Kinder, heute hab ich keine Zeit, etwas Vernünftiges zu kochen. Tut mir leid. Heute müssen wir mal schnell zu McDonald's oder so was. Ich weiß, das ist blöd, aber geht grad nicht anders.» Ihr Mann spielt mit und zieht eine Fleppe: «Ach, Mensch, das ist aber schade.» Das greift Tochter Fiona sofort auf und unterstützt ihre Mutter: «Ja, schade, aber Mama, wenn's nicht anders geht, machen wir das.»

Genauso wie Caroline: «Ja, dann müssen wir mal in den sauberen Apfel beißen.»

«In den sauren Apfel», korrigiert Anne. «Das müssen wir wohl, obwohl: Obst gibt's da leider auch nicht.»

Bei McDonald's angekommen, beginnt Annes nächstes Manöver: «Die Einrichtung hier sieht aber billig aus. Sollen wir nicht doch lieber woanders essen?» Ihr Mann spielt den perfekten Gegenpart: «Ach, Schatz, ein Mal können wir das doch machen. Ist doch nicht schlimm.» Schon schauen auch die Kinder kritisch auf die Einrichtung. Und Anne ergänzt: «Ist nicht so gemütlich. Aber, Kinder, lasst euch die Laune nicht verderben. Was wollt ihr essen?»

Auch beim Blick auf die Menütafel lässt Anne sofort erkennen, was sie davon hält: «Was soll das sein: Chicken McNuggets? Ach, das ist Englisch. Kinder, das heißt übersetzt: Kleine Häppchen Hähnchenpampe. Oh, und das da? Ein Big Tasty Bacon? Auch Englisch. Das heißt auf Deutsch: Riesenfettschinken in trockenem Brötchen.» Mit gespielt guter Laune spricht sie ihre Kinder an: «So, wer will Häppchen Hähnchenpampe, und wer will Riesenfettschinken in trockenem Brötchen, na?» Erst jetzt fällt Anne der Blick des Angestellten hinter der Theke auf. «Äh, nichts für ungut, junger Mann. Sie machen Ihre Arbeit, und ich mache meine.» Ihr Mann hat sich in diesem Augenblick schon lachend weggedreht und ist keine Hilfe mehr. Tatsächlich schauen die beiden Kinder angesichts der deutschen Übersetzungen wenig überzeugt auf die Menüs.

«Ich weiß nicht, Mama. Ich nehm vielleicht die Pampe», meint Fiona.

«Ja, okay, die Pampe nehm ich auch», sagt Caroline.

Und so gehen dreimal Pampe und für den Papa einmal Riesen-fettschinken mit trockenem Brötchen über die Theke. Am Tisch schaut Anne schon nach dem ersten Bissen drein, als müsste sie sich gleich den Finger in den Hals stecken, fragt aber ihre Kinder in fröhlichem Ton: «Na? Wie ist die Pampe?»

«Geht so.» Fiona und Caroline schieben sich die Nuggets eher widerwillig und mit viel Soße rein. Nur Nils hat seinen Burger schon verdrückt. «Ich hab's schnell runtergewürgt. Ich weiß nicht, Anne, aber beim nächsten Mal gehen wir doch besser woanders hin, oder? Am besten schmeckt es natürlich zu Hause.»

«Ja, Mama, das stimmt, deine Pampe schmeckt viel besser!», ruft Caroline.

Und das ist doch mal wirklich ein wunderbares Kompliment.

Annes Trick hat funktioniert. Sie hat McDonald's vor den Kindern nicht als etwas Verbotenes dargestellt, das so fraglos an Reiz gewinnt. Sie hat es auch nicht als Belohnung dargestellt. Sie hat es geschafft, Mäcces ziemlich alt aussehen zu lassen. Und wenn die Kinder irgendwann mal wieder ums Essen streiten, hört sie sich schon rufen: «Hört auf damit, sonst gehen wir wieder zu McDonald's!»

Die Sinnesorgane unserer Kinder funktionieren auf höchstem Niveau. Kinder spüren unglaublich viel. So wie Raubtiere Angst wittern, wittern sie, wenn es jemand eilig hat. Spannen sich zum Beispiel die Stimmbänder des Vaters eine Spur zu stark an, wenn er sagt: «Wir müssen noch einkaufen fahren», oder nimmt er den Mantel einen Tick zu hastig von der Garderobe, bleiben sie trotzig liegen. Werden sie bewusst angetrieben, ist eh alles zu spät, dann verharren sie in Bummelstarre. Davon ist jedenfalls Björn überzeugt, der nur noch darauf wartet, dass seine Kinder von einer Wanderdüne überholt werden.

Auf einem Elternabend erzählt Björn von seinen langsamen Kindern und vor allem davon, wie lange sein Sohn braucht, um sich ins Auto zu setzen und anzuschnallen. Er erzählt das in der sicheren Annahme, alle anwesenden Eltern würden ihm von ihren Kindern Ähnliches berichten. Falsch gedacht. Offenbar sind andere Kinder besser erzogen. Das kann Björn gut verkraften. Die Art und Weise, wie ihm das gesagt wird, allerdings nicht so gut.

Hendrick: «Ich erkläre meinem Sohn einfach, dass wir es eilig haben. Er analysiert die Situation und versteht das sofort. Gut, vielleicht hat er im Gegensatz zu anderen eine überdurchschnittliche Auffassungsgabe, das kann natürlich sein.»

Aha, er will das Wort «hochbegabt» vermeiden, denkt Björn. Und was ist mit Elisabeth?

Elisabeth: «Wir machen diese Erfahrung nicht, Björn. Unsere Josefina ist immer sehr konzentriert. Wir denken, das kommt vom Musizieren. Sie spielt leidenschaftlich Oboe. Das täte deinem Sohn bestimmt auch gut.»

Mein Sohn Oboe? Und wie spielt man überhaupt leidenschaftlich Oboe?, fragt sich Björn, bei dem als Pop- und Rockmanager ein Film im Kopf abläuft, wie Josefina auf der Bühne vor tausend kreischenden Fans ihre Oboe kaputt schlägt. Aber eines hört Björn ganz klar heraus: Mein Kind ist besser als deins! Irgendwie fühlt sich Björn bei diesem Gespräch an seine Kindheit erinnert, wenn seine Freunde damit angaben, wer das beste Auto hat. Damals stachelte das Kartenspiel «Autoquartett» so etwas noch zusätzlich an. Und heute fragt sich Björn, ob diese Angeber-Eltern vielleicht etwas Ähnliches spielen: Kinderquartett.

Neu! Für Angeber-Eltern
KINDERQUARTETT

1a

LUIS

Konnte schon ...	2 P
mit drei Monaten laufen, lesen, schwimmen, reiten, Rad fahren, jodeln.	

Hochbegabt, weil ...	10 P
ist fiel klühga als wii sain Pappa!!!	

Soziale Kompetenz:	5 P
Löst Konflikte eindrucksvoll, läuft heulend nach Hause.	

Gewonnene Wettbewerbe:	10 P
Baby-Landesmeisterschaft «Kleiner Scheißer». Machte größten Haufen – 3,5 kg.	

Hobbys:	1 P
Guckt nicht die Tagesschau, er liest das Buch.	

Willkürliche Wertung:
1 Punkt = Flop, 10 Punkte = top

2b

JOSEFINA

Konnte schon ...	2 P
mit drei Jahren Deutsch, Englisch, Spanisch, Chinesisch, Hindi (Native Speaker).	

Hochbegabt, weil ...	5 P
isst pro Tag eine Packung Ritalin.	

Soziale Kompetenz:	10 P
Schweigt über die Affären ihrer Mutter.	

Gewonnene Wettbewerbe:	7 P
Bundesjugendspiele: moralische Siegerin, hat alle anderen vorgelassen.	

Hobbys:	1 P
Ihr eigenes Oboe-Quintett, «Die fünf Oboen».	

Willkürliche Wertung:
1 Punkt = Flop, 10 Punkte = top

GEREON 3c

Konnte schon ... mit sechs Monaten seinen Antrag auf Adoptionsfreigabe ausfüllen.	10 P
Hochbegabt, weil ... isst nur, was er will (z. B. Popel).	6 P
Soziale Kompetenz: Bezahlt seine Lehrer für bessere Noten immer angemessen.	5 P
Gewonnene Wettbewerbe: Jugend forscht – Medizin: erfolgreiche Doktorspiele mit dem Nachbarsmädchen.	10 P
Hobbys: Griechische Philosophen im Original lesen, während er Marathon läuft.	1 P

Willkürliche Wertung:
1 Punkt = Flop, 10 Punkte = top

MAGNUS 4d

Konnte schon ... mit drei Jahren verbeamtet werden.	10 P
Hochbegabt, weil ... er nun einmal hochbegabt ist! Fragen?	3 P
Soziale Kompetenz: Umweltbewusst. Tyrannisiert seine Umwelt ganz bewusst.	5 P
Gewonnene Wettbewerbe: Nabelschnur-Bungeejumping 1. Platz: 3,15 Meter.	4 P
Hobbys: Hirntransplantation bei Fröschen, Fliegen am Geschmack erkennen.	7 P

Willkürliche Wertung:
1 Punkt = Flop, 10 Punkte = top

Der Trick: Der Mörder kommt!

Von Björn (32), Musikmanager, für seinen Sohn Vitus (8)

Die anderen Kinder sind also superspitzewahnsinnstoll. Nur davon ist Björns Sohn auch nicht schneller im Auto. Vitus ist eigentlich nur ungeheuer schnell, wenn er sich für etwas begeistert. Und wofür begeistert er sich? Für Kriminalgeschichten. Ja, keine Angst, natürlich nur kindgerechte Kriminalgeschichten. Aber auch darin kommt schon mal ein Mörder vor.

Um seinen Trick vorzubereiten, konditioniert Björn seinen Sohn erst mal außerhalb des Autos. Immer wenn sie vor der geschlossenen Haustür stehen, sagt er zu Vitus mit gespielter Aufregung: «Was, wenn jetzt ein Mörder kommt? Dann müssten wir uns aber beeilen!»

«Oh ja, schnell, schnell, Papa», ruft Vitus, der begeistert mitspielt: «Schließ auf, der Mörder kommt!»

Björn spielt das nervöse Opfer und hantiert hastig mit den Schlüsseln.

«Los! Schnell!», ruft Vitus. Björn dreht den Schlüssel herum, beide stürmen ins Haus, schließen rasch die Tür hinter sich und rufen: «Geschafft!»

«Um das vorwegzunehmen», erklärt uns Björn: «Davon bekommt das Kind kein Trauma. Auch wenn ich damit Traumaverliebte, also Leute, die in den Begriff Trauma geradezu verschossen sind, enttäuschen muss. Ganz im Gegenteil: So eine Art von Stressübung kann sogar die Resilienz, also die Widerstandskraft, erhöhen. Im Sport gehört so etwas zum ganz normalen Stresstraining.»

Björn ist sich aber trotzdem darüber im Klaren, dass es sich hierbei um ein kleines manipulatives Täuschungsmanöver handelt. Sein Ziel ist es ja, seinen Sohn auch beim Einsteigen ins Auto schneller zu machen. Und das klappt: «Schnell, der Mörder kommt, wir müssen schnell einsteigen und losfahren!» Und – flupp! – hüpft Vitus ins Auto, schnallt sich an und ruft: «Er kommt! Fahr!» Und Björn braust davon. Würde er das auf dem Elternabend erzählen, wäre er dort für immer unten durch bei seinen «Elternfreunden». Eigentlich gefällt ihm dieser Gedanke aber ganz gut. Wir haben verstanden, Björn. Zwei Exemplare dieses Buches gehen gratis an Hendrick und Elisabeth. Aufklärung muss sein.

Hobby und Schreizeit

Wenn Babys auf die Welt kommen, schreien sie. Schreien sichert ihnen das Überleben. Nur so können sie sicher sein, immer und überall gehört zu werden. Die Natur hat es so eingerichtet, dass junge Menschen am lautesten und am längsten schreien können. Diese Fähigkeit nimmt mit dem Alter ab. Alte Menschen müssen sich schon etwas ausdenken, um überleben zu können, und nehmen auf Wanderungen Trillerpfeifen mit für den Fall, dass sie mit gebrochenem Bein im Wald liegen bleiben. Aber da sagt die Natur: Nö, das mit den Trillerpfeifen lassen wir mal, und macht die Alten vergesslich. Wer das jetzt liest und denkt: «Boah, diese Natur, die ist vielleicht grausam!», der hat recht. Es ist grausam, wenn man neben der kleinen schreienden Mila steht. Und warum schreit Mila? Vielleicht schreit sie so laut, weil ihre Ohren verstopft sind? Nein, natürlich hat ihre Mutter Helene sie beim Hals-Nasen-Ohren-Arzt durchchecken lassen, aber der sagt nur: «Stabile Stimmbänder. Super!»

«Ja, klar, für ihn ist alles super», meint Helene. «Er verdient gut daran, weil ich mit Tinnitus seine nächste Patientin bin.» Und warum schreit Mila jetzt? Ist es ein Hobby? Nein, ihr fehlt einfach nur die Dosierung. Sie erhebt ihre Stimme nicht nur ein bisschen, wenn sie zum Beispiel ihren Willen nicht bekommt, sie legt sofort eine große Schippe drauf. Ihr fehlt im Lautstärkenangebot etwas zwischen Fahrradklingel und Feuerwehrsirene. Das wird sie bestimmt irgendwann finden. Zum Überleben aber braucht ihre Mutter schon jetzt dringend etwas. Nur was? «Sie ist ja erst fünf. Ich kann sie noch nicht wegen Körperverletzung anzeigen und verknacken lassen», grinst Helene. «Im Wald kann die Kleine ja so viel rumschreien, wie sie will, aber in unserer Mietwohnung? Die Nachbarn gucken mich schon mit so einem

Blick an, da merkt man irgendwie die Mordlust, auch wenn sie lächeln.»

Gott sei Dank naht Rettung: Ihr Mann Peter kommt nach Hause. Oh, er ist nicht die Rettung, weil er sich etwas Pädagogisches ausgedacht hätte. Davon ist er so weit entfernt wie Mila von einer mittleren Tonlage. Nein, er ist die Rettung, weil er so ist, wie er ist. Wild und natürlich.

Der Trick: Der Ohrenwald

Von Helene (35), Bürokauffrau im Autohaus, für ihre Tochter Mila (5)

Peter liegt nach der Arbeit als Elektronikfachverkäufer völlig kaputt auf dem Sofa. Meistens pennt er sofort ein, um die dummen Fragen der Kunden zu vergessen. Eine Frage scheint ihm ein Kunde noch nie gestellt zu haben: «Haben Sie einen Nasenhaar- und Ohrhaartrimmer?» Denn er hätte die Frage nicht verstanden. Nasenhaare schneiden? Ohrenhaare schneiden? Wozu? Wartet man damit nicht so lange, bis diese Haare beim Heckeschneiden zufällig ins Schnittmesser geraten? Helene blickt auf die langen Ohrenhaare ihres schlafenden Mannes, als Mila in der Küche wieder schreiend loslegt: «Ich will ein Eis!»

Helene geht in die Küche. «Nein, du bekommst jetzt kein Eis, Mila.»

«Ich will aber Eis! Mamaaa!»

«Psst, nicht so laut, Papa schläft.»

«Mir egal, ich will Eis!»

Da zieht Helene, wodurch auch immer – eine mystische Inspiration? ein Ohrakel? – ihre Tochter zu ihrem Vater und deutet auf dessen Ohr.

«Weißt du, wer als Kind auch so laut geschrien hat wie du?»

«Wer denn?»

«Der Papa. Und jetzt guck mal seine Ohren an.» Mila schaut angewidert auf die borstigen Büschel, die da aus Peters Ohren quellen.

«Iiih, was sind das für Haare?»

«Ohrenhaare. Wer zu viel schreit, dem wachsen Haare aus den Ohren. Damit schützen sich die Ohren selbst, damit es nicht so laut ist.»

«So was will ich aber nicht. Iiiiih, das ist ja voll schlimm.»

«Dann darfst du nicht mehr so laut schreien. Tja, mein Schatz, die Natur ist grausam. Sehr grausam.»

Gemein? Ja, sehr gemein. Immerhin hat Helene den Trick später noch abgemildert und Mila erklärt, dass das nur bei sehr lautem Schreien in der Wohnung passiert, durch den Hall. So hat der Trick für sie die Spitzen der Schreifolter abgemildert. Helene hat überlebt. Leider hat der Trick nicht sehr lange gehalten. Irgendwann muss Mila jemand geflüstert haben, dass das nur ein Märchen sein kann, so wie der Glaube an den Osterhasen. Und da fragen wir uns: Wer war das? Wie kann jemand nur so grausam sein? Peter kann es jedenfalls nicht gewesen sein. Der hat nur irritiert geantwortet: «Was für Ohrhaare?»

Geh weg, Gemüse!

Es gibt Pädagogen, die sagen: Kinder essen intuitiv immer das Richtige, die Eltern müssen es ihnen einfach nur vormachen. Klingt einleuchtend, oder? Tatsächlich gab es wohl in der Geschichte der Menschheit selten so viele Eltern, die ihren

Kindern das Essen frischer Gemüsespeisen nicht nur vorgelebt, sondern auch mit grenzenloser Verzückung angepriesen haben. Und vielleicht ist genau das der Fehler. Denn was ernten diese grenzenlos verzückten Kohlköpfe? Ein laut plärrendes «Bäääh-iigittt-das-will-ich-nicht!». Nicht wenige Eltern müssen sogar vor fliegenden Broccoliröschen in Deckung hechten. Aber was tun? Aufgeben? Niemals!

Was hat Claudia nicht schon alles getan, um ihrer vierjährigen Nelly einen Blumenkohl schmackhaft zu machen.

CLAUDIA: «Herrlich, sieht das nicht lecker aus?»

NELLY: «Bäh! Eklig!»

CLAUDIA: «Das schmeckt total lecker.»

NELLY: «Nein, das schmeckt nicht. Das ist Gemüse.»

CLAUDIA: «Hmmm, ich finde, es schmeckt köstlich. Probier doch mal ein kleines Stückchen.»

NELLY: «Nein, iiihh!»

CLAUDIA: «Guck mal, wie dich das Gemüse anlächelt.»

NELLY: «Nein. Das guckt doof.»

CLAUDIA: «Riech mal, wie das duftet.»

NELLY: «Nein, das stinkt, nach Gemüse.»

CLAUDIA: «Aber Gemüse stinkt doch nicht.»

NELLY: «Ja, wohl. Und du auch.»

CLAUDIA: «Wie bitte?»

NELLY: «Weil du Gemüse isst.»

CLAUDIA: «Aber Nelly, willst du nicht auch Gemüse essen, damit du so groß wirst wie ich?»

NELLY: «Nein, ich will nicht werden wie du.»

CLAUDIA: «Ach, und warum nicht?»

NELLY: «Weil du nach Gemüse stinkst. Da bleib ich lieber klein und stinke nicht.»

Claudia hatte gehofft, ihre Tochter wäre klüger als ihre beiden Brüder und würde früher als mit acht oder neun anfangen, regelmäßig Gemüse zu essen. Leider ist kein Frauenvernunftbonus in Sicht. Also muss sie das Gemüse wohl weiter so vergeblich anpreisen wie bisher. Doch da naht Hilfe in Gestalt ihres jüngsten Sohnes Kai. Er ist mittlerweile ein fleißiger Gemüsevernichter und dank der vielen Vitamine (bestimmt kommt es daher) ein sehr kreativer Kopf.

Der Trick: Kleider machen Leute ... kleiner
Von Claudia (39), Pflegerin, und ihrem Sohn Kai (8) für Nelly (4)

Claudias Sohn Kai ist ein lustiger Kasper und Nachwuchsschauspieler. So zog er einmal Hose und Pulli seines älteren und deutlich größeren Bruders an, stolperte mit den Hände und Füße weit überragenden Klamotten in die Küche und rief Claudia mit gespieltem Entsetzen entgegen: «Mutti, Hilfe, ich bin geschrumpft!» Jetzt fällt Claudia dieser Gag wieder ein, und sie instruiert Kai wie zu einem Theaterauftritt. Als Nelly mal wieder nörgelnd vorm Gemüseteller sitzt, betritt Kai mit der Ernsthaftigkeit eines großen Theatermimen die Küchenbühne: «Mama, Mama!» Claudia schaut entsetzt: «Was ist denn mit dir passiert?»

«Ich glaube, ich bin geschrumpft.»

«Geschrumpft? Wie das?»

«Ich weiß es nicht. Was habe ich denn anders gemacht als sonst?»

«Das weiß ich leider auch nicht, mein lieber, guter Sohn.»

«Ah! Ich weiß: Ich habe in der letzten Woche gar kein Gemüse gegessen.»

«Waaas? Und das in deinem Alter? Du weißt, wie gefährlich das ist.»

«Ja, du hast recht, das ist ja total voll gefährlich! Uiuiui!»

Jetzt stürzt sich Kai auf Nellys Gemüseteller und stopft sich das Gemüse wie ein Verhungernder in den Mund. Natürlich reagiert Nelly darauf wie jedes Kind, dem etwas weggenommen wird, was es gar nicht haben will: «Ey, das ist meins! Geh weg! Das ist mein Gemüse! Mamaaa!»

«Ah, jetzt geht's mir besser.» Kai streicht sich über seinen Bauch. «Aber so ein bisschen schwach bin ich noch. Ich glaube, ich lege mich etwas hin.»

Ja, Sie haben es erraten: Nachdem Kai aufgewacht ist, kommt er in seinen eigenen Klamotten wieder in die Küche und sagt: «Ah, Gott sei Dank, ich bin wieder gewachsen. Nicht zu wachsen ist ja schon schlimm. Aber schrumpfen, das ist das Schlimmste überhaupt, ein superschlimmes Gefühl. Nein, das geht gar nicht.» Und ja, Sie haben es wieder erraten: Nelly verlangt sofort Gemüsenachschlag. Nicht nur, dass ihr älterer Bruder heiß auf ihr Gemüse ist, hat sie ihren Gemüsehass vergessen lassen. Nicht zu wachsen, da sagt sie noch okay, aber schrumpfen? Nein, dann lieber stinken.

My room is my castle

Immer häufiger liest man in der Zeitung Artikel über Eltern, die 24 Stunden 7 Tage die Woche im Popotransportgeschäft tätig sind. Oder um es volkstümlicher auszudrücken: Eltern, die ihren Blagen pausenlos den Arsch nachtragen. Diese sogenannten Helikoptereltern bringen am Anfang ihrer Überwachungskarriere das von den Kleinen vergessene Schulbrot sogar noch während der zweiten Stunde rein. Und ein paar Jahre später sitzen sie neben den «Kleinen» im Unihörsaal, schreiben für sie mit und melden sich für sie: «Herr Professor, wir haben da gerne noch eine Frage ...» Selbstverständlich putzt Mutti den Nachwuchs-Charakterlosen mindestens ein Mal die Woche die Studentenbude. Und wir fragen uns: Was soll bloß aus diesen Kindern werden, die mit 20 noch nicht allein aufs Klo gehen dürfen? Abenteurer? Entdecker? Vielleicht. Aber nicht mehr allein. Neil Armstrong betritt den Mond? Ohne seine Mutter? Falls in den nächsten Jahrzehnten der Mars erreicht werden sollte, wird mit Sicherheit zunächst Maltes Mutti den Kopf aus dem Raumschiff stecken, die Gegend abchecken, den Kleinen an die Hand nehmen und ihm einen Zettel hinhalten, auf dem steht: «Dies ist ein kleiner Schritt für Mutti, aber ein riesengroßer Schritt für Malte.»

«Genau das will ich nicht!», protestiert Lidia energisch. Ihr Malte soll gefälligst selbständig werden. Und dazu gehört, dass er mit 13 seine Bude alleine aufräumt. «Jeder in der Familie leistet einen Beitrag. Ich arbeite und habe keine Zeit, jeden Tag hinter ihm herzuräumen. Und eine Putzfrau können wir uns nicht leisten.» Tja, tolle Ansage, oder? Aber zum Ansagen gehören bekanntlich auch Zuhörer. Davon gibt es viele. Malte gehört leider nicht dazu. Und nu?

Trick: Paula, die putzige Putzfrau
Von Lidia (44), Büroangestellte, für ihren Sohn Malte (13)

Es ist Montag. Das Wochenende über hat Malte also mal wieder nichts gemacht. Sämtliche Drohungen von Lidia sind in der Luft verpufft wie ein Kaninchenfurz im Hurrikan. Maltes Bude sieht aus, als hätte man das ganze Zimmer inklusive kaputtem Staubsaugerbeutel die Zugspitze heruntergerollt. Wo ist oben? Wo ist unten? Was kann man noch anfassen? Was sollte man lieber Leuten mit Ganzkörperschutzanzügen zur Entsorgung überlassen?

Montag ist aber auch der Tag, an dem die Putzfrau des Mehrfamilienhauses das Treppenhaus wischt. Kurzerhand spricht Lidia sie an und zeigt ihr Maltes Zimmer. Paula kennt das Problem von ihrem eigenen Sohn und ist sehr verständnisvoll, als Lidia meint: «Ich könnte das Zimmer ja selbst putzen, aber dann lernt er nichts.»

«Kein Problem, ich mache das», sagt Paula. «Aber am besten ist, er kommt gerade rein, wenn ich putze, verstehen Sie?»

«Ah, sehr gute Idee!»

«Und am besten ist es auch, wenn ich ein bisschen auf Putzfrauenklischee mache, damit er keinen Verdacht schöpft.»

«Putzfrauenklischee?» Lidia weiß nicht genau, was Paula damit meint.

Als Malte am nächsten Tag von der Schule kommt, trifft er auf eine fremde Frau in seinem Zimmer, die gerade mit einem Staubsauger den Boden gründlich bis in die letzte Ecke saugt.

«Äh, guten Tag», sagt Malte vorsichtig.

«Ah, du sein Malte? Du kleines Kind von Lidia, stimme richtig?» Paula beherrscht das osteuropäische Putzfrauenklischee wirklich ausgezeichnet.

«Ja, äh, was machen Sie in meinem Zimmer?»

«Oh, Auftrage gekriegte. Von die Mama. Mama habe gesagte, du kleines Kind, du nicht selber aufräume. Aber ich sehe, du großes Kind. Was du habe, dass nicht selber mache? Du krankä? Ja? Oh, du arme Jungäää.»

In diesem Moment macht Paula eine umarmende Geste Richtung Malte, der sofort zurückweicht.

«Nein, ich bin nicht krank.»

«Oh, bestimmte du sehr krankä. Sonst du könne machen putze und aufräume ja selber, oder? Du arme krankä Jungäää.» Und schon geht Paula wieder auf Malte zu, der die Flucht ergreift. Rettung naht, Mutti kommt.

«Was soll das? Was macht die Frau in meinem Zimmer?», fragt Malte in einem Ton, den man fast energisch nennen könnte.

«Ach so, das ist deine Putzfrau.»

«Meine Putzfrau? Ich habe eine eigene Putzfrau?», fragt Malte beinah stolz.

«Jaaa, habbe eigene Putzefrau, weil so krankä Jungäää.» Paula stellt den Staubsauger beiseite. Sie zieht einen Abrechnungsblock.

«Aber! Auch krankä Jungä müsse zahle. Zwei und halbe Stunde, dreißige Euros. Ja?» Paula überreicht ihm die Rechnung.

«Was? Das ist ein Scherz, oder?» Malte guckt seine Mutter an, die zuckt mit der Schulter.

«Nee, ich glaube nicht, dass das ein Scherz ist, Malte. Die Frau hat deine Arbeit gemacht, also bekommt sie auch dein Geld.»

«Aber ich habe kein Geld.»

«Aber ich habe dein Geld.» Lidia überreicht Paula die dreißig Euro.

«Bitte schön.»

«Na, okay, meinetwegen, dann zahl du eben.»

«Nein, Malte, das ist dein Taschengeld für diesen Monat. Und wenn du dein Zimmer das nächste Mal auch nicht sauber hältst, dann bekommst du wieder kein Taschengeld. Und so weiter und so weiter.»

Malte klappt die Kinnlade runter. Da nimmt Paula ihn in den Arm.

«Nicht schlimm, isse nicht so schlimm, du arme krankä Jungäää ...»

Dieser Tag blieb Malte noch lange in Erinnerung. Und das Beste daran: Er räumt sein Zimmer nun regelmäßig auf. Denn neben dem Verlust des Taschengeldes hat er noch mehr Angst, wieder auf diese seltsame Frau zu treffen, die ihn immer umarmen will. Das motiviert.

Nachtrag:
Einige Monate später kam Malte früher von der Schule, weil ein Lehrer krank war. Er traf im Hausflur auf Paula, die sich mit einer Nachbarin völlig akzentfrei unterhielt: «... ja und nach dem Studium der Theaterwissenschaften habe ich keinen Job bekommen, und zwischendurch musste ich dann putzen gehen und ...» Da erblickte sie Malte: «Ahhh, krankä Jungääää!» In diesem Moment stieg in Malte das ungute Gefühl auf, so richtig verarscht worden zu sein. Und die Moral von der Geschicht? Lehrermangel hilft uns nicht!

Ungestört telefonieren?

«Herzlich willkommen, meine Damen und Herren, wir berichten live von den Internationalen Eltern-Kind-Telefonmeisterschaften hier aus Castrop-Rauxel. Der Wettkampf startet in wenigen Minuten. Die Bedingungen in der 4-Zimmer-Altbauwohnung scheinen für beide Mannschaften heute ideal. Wenn auch die Kinder seit Jahren in dieser Disziplin unangefochten an der Spitze stehen, haben sich die Eltern in letzter Zeit einige Achtungserfolge erarbeiten können. Aber, Ruhe bitte! Ich sehe, es geht los. Und da: Das Telefon in der Küche klingelt! Einmal, zweimal, oh, interessant, noch keine Reaktion im Zimmer der Tochter, was ist da los? Das verspricht spannend zu werden, meine Damen und Herren. Da: das dritte Klingeln. Die Mutter hebt in der Küche das Telefon ab ... Und? AHA! Im Kinderzimmer bewegt sich etwas, die achtjährige Amelie hebt den Kopf. Und die Mutter spricht! Sie spricht! Mutter Susanne spricht den ersten Satz ins Telefon, ohne von ihrer Tochter gestört zu werden. So weit sind im letzten Jahr nur wenige Eltern gekommen. Eine Freundin ist am Apparat, Beziehungsprobleme, sehr spannend. Susanne setzt sich hin, konzentriert sich auf das Gespräch und ... Bumm! Da ist es passiert, die Tür fliegt auf, Amelie stürmt auf ihre Mutter zu, reißt ihr den Hörer vom Ohr und brüllt: «Mamaaaa, mir ist langweiliiiiig!» Jetzt ist Susanne gefragt, sie steht auf, schiebt die Tochter sanft beiseite und kontert: «Siehst du nicht, dass ich telefoniere?» Oh nein, das war ein allzu absehbarer Konter. Natürlich keine Reaktion von Amelie. Sie quengelt weiter, zupft Susanne am Ärmel und da, das ist ein gemeiner, aber nicht reglementwidriger Trick: Sie stößt die Kaffeetasse um und zwingt damit, meine Damen und Herren, in nur einer Minute, vierundzwanzig Sekunden die Mutter zum Auflegen. Ein schneller Sieg, ein harter Sieg. Und damit geben wir zurück in die angeschlossenen Funkhäuser.»

Der Trick: Oma ruft an

Von Susanne (37), Maskenbildnerin, für ihre Tochter Amelie (7)

Susanne hat diesen Telefon-Wettkampf bisher immer verloren. Obwohl sie einmal ganz gut im Rennen lag: Sie hatte im Sommer Wassereis im Kühlfach gelagert. Jedes Mal, wenn Amelie während eines Telefonats angestürmt kam, hat sie ihr ein Wassereis in die Hand gedrückt, und die Kleine war mit dem Lutschen für einige Zeit ruhiggestellt. Leider konditionierte sich in Amelies Gehirn die Verbindung «Telefon = Eis lutschen», und Susanne hatte keine Ruhe mehr. Wirklich schade, dass Kinder sich nicht immer an die international anerkannten Bestechungsrichtlinien halten. Das ist sehr unsportlich.

Aber jetzt spielt Susanne eine neue Karte: den Generationentrick. Sie liebt ihre Mutter, ja, so wie sie ihre Tochter liebt. Aber beide gehen ihr manchmal entsetzlich auf die Nerven. Ihre Mutter, wenn sie ihr am Telefon endlose Vorträge über deren angeblich moralisch total verdorbene Nachbarin hält, und ihre Tochter, wenn sie an ihr herumzerrt, kaum dass sie mal fünf Minuten mit ihrer Freundin telefonieren möchte. Warum also die beiden Nervbratzen nicht miteinander verbinden? Wenn jetzt eine Freundin bei Susanne auf dem Festnetz anruft und Amelie angetrabt kommt, wählt sie mit ihrem Handy sofort die Nummer ihrer Mutter und sagt: «Oh, Mama, warte, da kommt Amelie, die will dich unbedingt sprechen.» Und so sind beide in einträchtiger Nervigkeit beschäftigt, und Susanne hat ein paar Minuten für sich.

Ist das gemein? Wir denken nicht. Die Sandwich-Generation ist doch mit Altenpflege und Kindererziehung total überfordert. Da kann man die Unterbeschäftigten doch auch mal miteinander verbinden, oder?

Susanne warf gerade einen Blick in die Tageszeitung, da wurde sie von Amelie unterbrochen, die mit wirklich wichtigen Nachrichten aufwartete: «Wusstest du, Mama, dass die Nachbarin von Oma die Rasenkanten nicht richtig mäht? Das sieht aus wie im Urwald, Mama. Es ist eine Schande, dass so jemand wie diese Person überhaupt in dieser Straße wohnen darf.» Und Susanne denkt: «Oh neiiiiiin! Was hab ich getan!?»

Kinder und Haustiere

Wenn es um Haustiere geht, schlägt die kindliche Allmachtsphantasie mit Wucht zu. Die Kleinen glauben zum Beispiel von sich, sie könnten das Haustier ihrer Wahl völlig problemlos am Leben erhalten. «Ehrlich, Mama, ich füttere immer pünktlich», wären leider allzu oft die letzten Worte, die Meerschweinchen und Co. vorm Gang über die Wupper zu hören bekämen, würden Eltern nicht immer wieder rettend einspringen. Was mal wieder belegt, dass Liebe allein nicht die Antwort ist, sondern Liebe und eine To-do-Liste, die strikt eingehalten wird.

Marina mag ihre beiden Goldfische Schnecke und Tobi sehr (hier muss mal die Frage erlaubt sein, warum Kinder bzw. Menschen im Allgemeinen Tieren beschämende Namen geben dürfen. Der Goldfisch kann sich juristisch nicht gegen «Schnecke» wehren. Vielleicht würde er lieber Roger heißen. Oder Markus. Gehört das nicht auf die Agenda der Tierschutzvereine?). Aber muss Marina die beiden deshalb auch füttern? Und muss sie auch noch das Aquarium sauber machen? Jede Woche? Die Antwort ist klar:

Marina macht mit viel Liebe weder das eine noch das andere. Ohne ihre Mutter Edda würden die Tiere elend verrecken. Weil Edda ohnehin keine Fische wollte und Marina sich nicht kümmert, hätte Edda also jedes Recht, die Fische an jemanden zu verschenken, der Tierliebe mit dem Begriff Fürsorge verbindet. Von wegen! «Das sind meine Fische! Die darfst du nicht verschenken! Ehrlich, Mama, ich füttere immer pünktlich!» Was nun? Wenn sie die beiden verschenkt, riskiert Edda wochenlanges Rumgeheule. Wenn sie sich selbst nicht mehr kümmert, sterben die beiden.

Der Trick: Der Tod und die Möhre
Von Edda (39), Bewegungscoach, für ihre Tochter Marina (8)

Edda weiß nicht mehr, wo sie diesen Streich gesehen hat. Aber irgendwo, ob im Internet oder Fernsehen, hat jemand aus einer Möhre die Form eines Fisches geschnitzt, ins Aquarium gelegt und dann, als ein Bekannter hereinkam, so getan, als ob er einen Goldfisch aus dem Wasser ziehen würde, um ihn anschließend zum Entsetzen des Bekannten in den Mund zu schieben und hinunterzuwürgen. Als Edda das wieder einfällt, kommt ihr eine Idee. Sie nimmt die beiden Goldfische heraus und lagert sie in einem Behälter zwischen. Dann schneidet sie aus einer Möhre zwei Fischchen und legt sie in das Aquarium. Gerade ist sie fertig, da kommt Marina von der Schule und wird mit der schrecklichen Nachricht konfrontiert: «Schnecke und Tobi sind tot.»

«Ach so, okay.» Marinas Trauer hält sich in Grenzen. Das ist Edda auch eine Lehre: Verschenken = Schreianfall, Tod = «Ach so, okay.» «Woran sind die gestorben?», will Marina aber dennoch wissen.

«Weiß ich nicht.» Edda will ihrem Kind nicht gerade die Schuld am Tod der Tiere in die Schuhe schieben, obwohl sie theoretisch schon lange tot wären, hätten sie sich auf ihre Tochter verlassen. «Wir können sie beerdigen. Oder besser: Wir machen eine Seebestattung.» Flink holt Edda die beiden Möhrenstückchen aus dem Aquarium, sodass Marina die Fälschung nicht mitbekommt. Dann gehen die beiden zum Klo. Ja, das hat uns auch erstaunt. Aber seit *Findet Nemo* glauben viele Kinder, der Kloabfluss führe direkt ins Meer. Es soll sogar vorgekommen sein, dass Kinder ihre Fische aus dem Aquarium zogen und im Klo runterspülten, um sie zu «befreien». Also spült Edda die beiden Möhrenfische ins Klo und verschenkt die Goldfische an einen echten Tierliebhaber.

Ins Klo? Wirklich? Was für eine feierliche Bestattung. Gab es nachher auch Streuselkuchen? Neben dieser Frage beschäftigt uns noch eine andere: Warum hat Edda ihrer Tochter nicht einfach gesagt, dass die Fische tot sind und im Fischhimmel? Edda entgegnet: «Dann hätte sie sich nicht von ihnen verabschieden können. Und so ist es jetzt leichter, das Aquarium wieder bei eBay reinzustellen und das Thema endlich hinter uns zu lassen.» Marina hat natürlich sofort einen neuen Haustierwunsch geäußert: «Ich will ein Pferd!» Aber Edda meinte zu uns: «Das geht nun wirklich nicht. Ich weiß doch gar nicht, woraus ich dann später ein Pferd schnitzen soll.»

Volle Konzentration

Linda kann sich kaum noch an ein richtiges Gespräch mit ihrem elfjährigen Sohn erinnern. Kommt er mal aus seinem Zimmer, dann hält er ihr sein Tablet unter die Nase, tippt ein YouTube-Video nach dem anderen an und sagt: «Hier, das ist auch geil. Hier, das musst du gucken. Hier, das auch. Und das, voll krass.» Sobald Linda sich dazu äußern möchte, sagt er: «Pssst. Guck!» Sie soll die Klappe halten, er zeigt ihr seine YouTube-Welt. Das müsste sie mal mit ihm machen: «Hier guck, meine Lieblingssoap. Voll krass, heute hat sie Liebeskummer. Psst! Guck! Und hier, als Nächstes, Politik, die *Tagesthemen*, der Hammer, geil, oder?»

Dabei ist Linda froh, dass er seine Welt überhaupt noch mit ihr teilt. Eine Welt von YouTube-Stars, die mit schnellen Videoschnitten und wilden Bildtricks spielen, damit das jugendliche Videokonsumentenhirn bloß nicht eindöst. Doch selbst bei so geschnittenen Videos tippt Florian sofort zum nächsten weiter, wenn auch nur für fünf Sekunden nichts Aufregendes passiert. Wie soll ein so konditioniertes Gehirn einem Lehrer über mehr als zehn Sekunden folgen? Und vor allem nur *einem* Lehrer? Die Lehrer müssten alle drei Sekunden zwischen Bio, Mathe, Deutsch und Englisch hin und her hüpfen, Gags erzählen und lustige Kostüme tragen, damit er nicht einpennt. Und so ist es nicht weiter verwunderlich, dass Linda beim Elternsprechtag dem Klassenlehrer gegenübersitzt, der sagt: «Ihr Sohn leidet an Konzentrationsschwäche.»

«Bitte? Ich habe gerade nicht zugehört.»

«Ich sagte, Ihr Sohn ...»

«Nein, war ein Witz, ich habe zugehört.»

«Aha, ein Witz. Das geht schon in Ordnung.»

Zu beneiden ist ihr Sohn bei dem humorlosen Pauker nicht, denkt Linda. Trotzdem hat er leider recht. Zwei Dinge muss Linda jetzt mit Florian machen:

1. Konzentration vermehren
2. Internetvideos verringern

Linda meint: «Der Lehrer hat gut reden. Wie stellt er sich das bei meinem Sohn vor, dessen einziger Ruhepunkt sein Dickschädel ist? Konzentrationsübungen? Das hält der doch keine fünf Sekunden durch.»

Der Trick: Das Puzzle

Von Linda (39), Laborantin, für ihren Sohn Florian (11)

Zunächst klemmt Linda den kleinen YouTube-Junkie vom WLAN-Netz ab. Ihr Sohn reagiert darauf wie jeder ordentliche Süchtige, er rückt ihr auf die Pelle und jammert: «Nur ganz kurz, Mama, mach bitte das WLAN an, ehrlich, nur ganz kurz, ich kann sofort wieder damit aufhören, ehrlich, ich schwöre!» Florian soll aber erst wieder ins Internet, wenn er eine Konzentrations-übung gemacht hat, denkt Linda. Und da fällt ihr die Lösung ein: «Super, na klar, ein persönliches Puzzle!»

Wir konnten Lindas Hochgefühl nicht spontan teilen. Ein persönliches Puzzle? Ist damit der Augenblick am Morgen gemeint, in dem man nach durchsoffener Nacht versucht, den letzten Abend wieder zusammenzusetzen? Nein, ist es nicht. Ein persönliches Puzzle hat Linda ihrer Mutter zum Geburtstag geschenkt. Es ist Folgendes: Mittlerweile gibt es viele Internetanbieter, die persönliche Alben aus hochgeladenen Fotos erstellen. Und es gibt eben auch Anbieter, die aus hochgeladenen Fotos Puzzle herstellen. In allen Größen. Und je nach Bild ist das ein recht originelles Geschenk. Besonders originell ist es aber, wenn man wie Linda ...

1. Ein Foto des Sohnes nimmt, auf dem er vor dem PC hockt.
2. Dieses Foto in ein Bildbearbeitungsprogramm lädt.
3. Auf diesem Foto sehr geschickt das neue WLAN-Passwort versteckt.
4. Sich dieses Foto dann als XL-Puzzle mit über 500 Teilen zuschicken lässt.

Es gibt kleinere und günstigere Puzzle. Aber Linda will's wissen. Also kommt nur die XL-Variante für 24,95 Euro für eine wirklich außergewöhnliche Konzentrationsübung ins Haus. Nicht billig, aber effektiv. Schon allein für das entsetzte Gesicht ihres Sohnes hat sich die Investition gelohnt: «Ich soll waaas?»

«Du kannst ins Internet, Flori, ganz einfach. Das Passwort ist im Puzzle.»

«Das Passwort ist wooo?»

«Im Puzzle. Meine Güte, du kannst dich ja wirklich nicht mal eine Sekunde auf einen Satz konzentrieren. Also: Viel Spahaß!»

Da sitzt er jetzt. Vor einem riesigen Puzzle und baut sich selbst zusammen. Stück für Stück. Stundenlang. Denn Linda hat das Passwort auf dem gesamten Bild verteilt. Erst wenn Florian das komplette Puzzle fertig hat, kann er die Zahlen- und Buchstaben-kombination entschlüsseln und wieder ins Internet. Und immer wenn er mit dem Internetkonsum mal wieder übertreibt, sagt sie: «Weißt du, was ich gesehen habe? Es gibt auch Puzzle mit über 1500 Teilen. Toll, oder?»

Süße Wünsche

Hari, **Bo** und **Lion** gingen mit ihrem Hund Nuga durch den Wald.

«Wir haben uns verlaufen», sagte Hari, «wo geht's hier zum **Milkyway**?»

Plötzlich blieben sie geschockt stehen. Vor ihnen stand eine wun-derbare **Toffi-Fee** und sagte: «**Kinder, Überraschung**! Ihr habt drei Wünsche frei!»

«**Nimm zwei**!», rief Lion spontan Hari zu. Lion war von der Situa-tion offenbar überfordert. Auch Bo hatte die Fee so erschreckt, dass er seinem Hund befahl: «**Bel-Nuga**!» Aber der Hund hörte nicht, er war eine **Traube Nuss**.

Die Fee drängte: **Kinder, bueno**, es ist gleich **after eight**, also? Ich habe nicht viel Zeit, ich mach gleich noch mit dem **Ritter Sport**.»

«Mir fällt kein Wunsch ein, ver**daim**t noch mal», fluchte Lion.

«**Du, Plo**ckwurst wär jetzt keine schlechte Idee», meinte Bo. «Are you **nuts**?», fragten Hari und Lion entgeistert. Sie ekelten sich vor so etwas und konnten kaum zu Bo hinblic**k'n**: «**Opp er's** irgendwann noch mal schnallt?», fragte Hari frech nach.

«Hey, wer steht hier im Mittelpunkt? *Aer o*der ich? Lasst gehen, die Zeit läuft: *Tic Tac*, Tic Tac! Drei Wünsche, los!», drängte die Fee.

«*Vivil*?», fragte Lion noch einmal nach. Er war nicht gerade besonders *smart.*

«*Ies* nicht so schlimm», beruhigte ihn Bo.

«*Kinder! Riegel*t ihr noch richtig?» Die Fee war sauer. «Ich biete euch Wünsche an, und ihr quatscht hier rum? Los jetzt, wünscht euch was!»

«Wir haben uns verirrt, kannst du uns sagen, wo es hier zum Milkyway geht?», fragte Lion. Das beruhigte die Fee: «Ah, endlich ein Wunsch, das ist *Bahlsen* für meine Seele. Zum Milkyway: Immer geradeaus. So, ich muss los.» Sie schwang sich in ihren *Pic Up* und brauste davon. Hari und Bo ärgerten sich wegen der verpassten Chance auf mehr Wünsche. Nur Lion winkte ihr fröhlich hinterher und rief: «*Merci*, Toffifee!»

Der Trick: Auf falschem Fuß erwischt

Von Bianka (32), Kassiererin, für ihre Tochter Ida (4)

Wir sind keine Verschwörungstheoretiker, haben aber, nach mehrmaliger Übungslektüre von Dan Brown, in dieser scheinbar völlig normalen Gutenachtgeschichte etliche unterschwellige Botschaften[1] der Süßigkeitenindustrie entdeckt. Konsumbot-

---

1 Wer jetzt glaubt, die Gutenachtgeschichte oben sei komplett ausgedacht, der hat recht. Natürlich läuft so etwas subtiler ab. Wie genau, das dürfen wir in diesem Buch nicht schreiben. Weil der Rowohlt-Verlag, das wissen doch alle, der steckt unter einer Decke mit der Süßigkeitenind... aber pssst ... das dürfen wir nicht verraten. Und wenn, dann würden wir es nur guten Freunden verraten. Denn mit guten Freunden teilt man Geheimnisse und gibt ihnen auch mal ein Ferre**rororo**-Küsschen.

schaften, die in das Unterbewusstsein unserer Kinder eindringen und dort verharren, bis sie geweckt werden. Und bei Kindern wie der vierjährigen Ida muss man immer auf der Hut sein, denn diese Botschaften werden bei ihr nahezu minütlich geweckt. Und welches Mittel hilft gegen unterschwellige, manipulative Botschaften? Natürlich unterschwellige, manipulative Botschaften!

Weil Biankas Mann Martin bei seiner Arbeit im Baumarkt immer so lange herumstehen muss, frönt er am Wochenende dem FFK, der Freien Fußkultur. Selbst im Garten läuft er ohne Schuhe herum. Wenn er sich dann aufs Sofa legt und eindöst, sieht man seine braunen Fußsohlen. Bianka holt Ida und deutet auf die Füße von Martin.

«Guck mal da, Ida.»

«Iiih, die sind ja total dreckig.»

«Die sind nicht dreckig, Ida, die sind so.»

«Was? Das geht nicht mehr weg? Warum nicht?»

«Warum nicht? Weil Papa als Kind zu viel Schokolade gegessen hat.»

«Waaas?»

«Ja, von zu viel Schokolade kriegt man braune Füße.»

«Oh weiha!»

«Ja, weil das viele Braun sich nicht mehr im Körper abbaut und dann nach unten sackt. Gut, dass wir beide immer aufpassen, dass wir nicht zu viel Schokolade essen, ja?»

«Ja, Mama, da passen wir mal besser auf.»

«Ja, genau, Ida, da passen wir mal besser auf.»

«Ja, genau, Mama. Wo sind die Gummibärchen?»

Kleiner Säufer

Wenn irgendwo auf der Welt ein kleiner Säufer herumtorkelt, dann nicht selten in den Fußstapfen eines großen Säufers. Diesen Satz bezieht Aarons Vater Marko nicht auf sich. Er ist sicher, dass sein 15-jähriger Sohn die Sauflust nicht von ihm haben kann, und meint: «Der Kleine kommt manchmal total knülle nach Hause. Und das, obwohl ich ihm die Gefahren des Alkohols sehr gut erklärt habe ...»

«Saufen ja, aber lass die Karre stehen», ist Markos Ansage für Aaron. Kann denn eine so laue Ansage schon das Ende der Pädagogik-Fahnenstange bedeuten? Nein, natürlich nicht. Schließlich ist ein Vollrausch nicht nur im Straßenverkehr gefährlich. Gerade in der Pubertät, wenn das Gehirn noch wächst, kann aus einem Hochbegabten schnell ein Tiefbegabter werden. Der Weg vom Einsteinmensch zum Steinzeitmensch ist oft nur eine Pulle Schnaps entfernt. Marko weiß, dass erzieherische Ansagen bei seinem Sohn ungefähr so reinhauen wie alkoholfreies Bier. Darum will er ihm jetzt etwas einprägsamer auf die Sprünge helfen.

Der Trick: Der Schlossherr
Von Marko (41), Techniker, für seinen Sohn Aaron (15)

Aaron schleicht am Wochenende nach seinen Sauftouren immer klammheimlich auf sein Zimmer. Niemand riecht seine Fahne, niemand hört ihn lallen oder bekommt sonstige Ausfälle mit. Als Marko an einem Samstag das Schloss der Haustür gegen ein neues Sicherheitsschloss eintauscht, kommt ihm eine Idee. Äußerlich gibt es keine Änderung, die Abdeckung des Schlosses bleibt bestehen. Aber was passiert wohl, wenn ich dem Kleinen gar nicht sage, dass ich das Schloss ausgetauscht habe? Und wenn er den alten Schlüssel behält?, denkt Marko. Das passiert:

Aaron schleicht abends mit einem Schlückchen zu viel im Kopf die Treppe zur Haustür hoch. Heute hat er gar nicht so viel getrunken. Denkt er. Doch als er versucht die Tür zu öffnen: «Was 'n das? Passt nicht. Hmm, was 'n los? Ey, scheiß Alkohol.» Der Lärm weckt Marko auf, der seinem Sohn halb besorgt, halb triumphierend die Tür öffnet: «Naaa? Was ist denn los, Sohne-mann? Wohl mal wieder dem bösen Onkel Alkohol Tür und Tor geöffnet. Und dann gemerkt, dass so die eigene Tür, also die, wo man reinmuss, dass die dann … äh … zu bleibt, anstatt aufzuge-hen. Verstehste?» Na ja, das mit den Metaphern üben wir viel-leicht noch mal, Marko. Direkter ist doch besser. Marko: «Hast du etwa wieder zu viel getrunken, Aaron?» Marko schaut seinen Sohn ernst an.

«Nein, ehrlich nicht, echt nicht.»

«Sagst du. Aber das hier ist der Beweis. Du kriegst ja nicht mal die einfachsten Sachen hin. Einen Schlüssel in ein Schloss ste-cken. Kann das so schwer sein?»

Marko nimmt Aaron den Schlüssel aus der Hand, steckt aber seinen eigenen Schlüssel, den er bis jetzt in der anderen Hand gehalten hat, in das Schloss.

«Siehst du, kein Problem, schließt einwandfrei auf. Herrgott noch mal, Aaron, wie kann man nur so viel trinken.» Schuldbe-wusst geht Aaron zu Bett.

Marko fummelt noch in derselben Nacht den Schlüssel fürs neue Schloss an Aarons Schlüsselbund. Ein Schlüssel derselben Schlüsselfirma, also absolut unauffällig. Am nächsten Morgen holt Marko seinen Sohn zur Haustür. «So, jetzt bist du wieder nüchtern. Jetzt nimm doch bitte deinen Schlüssel und schließ die Tür auf.» Aaron steckt den Schlüssel rein, dreht ihn um, kein Problem, die Tür öffnet sich. Da wird er nachdenklich. Und das sogar mit einem Kater im Kopf. So viel Alk war es dieses Mal wirklich nicht. Sollten tatsächlich schon ein paar Bier seinem Verstand und seiner Motorik so zusetzen? Hat etwa sein Vater recht, der sagt, dass Saufen in der Pubertät total gefährlich ist? Mag sein. Sicher ist sicher, denkt sich Aaron und verzichtet von da an auf das ein oder andere Bier. Aber das beste Argument liefert er sich zum Schluss selbst.

Marko: «Du willst doch schließlich zu Hause und nicht unter einer Brücke pennen, oder?»

Aaron: «Das ist ja das Schlimme. In diesem Kaff gibt's noch nicht mal 'ne Brücke.»

Nachtrag:

Als Aaron eines Tages mal wieder anfing zu viel zu trinken, tauschte Marko den Schlüssel an Aarons Schlüsselbund gegen seinen alten Schlüssel aus. Wieder kam er nicht ins Haus. Und wieder beschloss Aaron weniger zu trinken.

Und so könnten diesen Trick auch die Eltern machen, die nicht extra ein neues Schloss einbauen möchten. Einfach einen ähnlich aussehenden Schlüssel an das Schlüsselbund der kleinen Alkis fummeln, fertig. Das ist der ... ja doch, der Satz muss jetzt sein: Schlüssel zum Erfolg.

Heiß auf Junk Food

Kinder wollen immer dasselbe: «Ich will Nudeln!» – «Ich will Pizza!» – «Ich will gedünsteten Fisch mit vitaminreicher Gemüsebeilage!» Gut, das mit dem Fisch hat Isa nur geträumt. Ihre beiden Kinder Frederik (7) und Mara (5) finden so ein gesundes Essen eher doof als delizioso. Hauptgang Pizza, Nachspeise Spaghetti-Eis, das ist ihr italienisches Lieblingsmenü. Aber damit die beiden nicht bald aussehen wie eine aufgeblähte Calzone, baut Isa diese Gerichte so selten wie möglich in den Ernährungsplan ein. Doch jetzt ist etwas passiert, das ihren Plan pulverisieren könnte. Frederik kommt von der Schule und sagt: «Der Eron und der Mark aus der dritten Klasse, die sind zu McDonald's gegangen. Ich will auch zu McDonald's!»

Schon läuft in Isas Vorstellung ein dicker Junge namens Frederik jeden Tag nach der Schule zu McDonald's, und ihre kleine Mara, kaum dass sie eingeschult wäre, würde ihm in seinem breiten Schatten folgen. Hastig denkt Isa sich gute Gegenargumente aus. Sie möchte gerade so richtig loslegen, da ruft Mara: «Ich will auch zu McDonald's! Jaaaa, McDonald's!» «Ja, aber, Kinder, das ...», stottert Isa los und merkt schon vor dem ersten vollendeten Satz, dass gute Gründe gegen die Verführungskünste einer Fastfoodkette bei Kindern ungefähr so gut einschlagen wie ein Warnschild mit Kalorientabellen neben einer Eisdiele. Sollte sie, eine Frau von stolzen einen Meter fünfundfünfzig, also machtlos sein gegen einen klitzekleinen Weltkonzern? Nö! Denn sie setzt auf das komplexeste Gebilde im ganzen Universum: auf das Gehirn. Und auf ein bisschen Gemeinheit.

Der Trick: Das Salz in der Suppe
Von Isa (39), Optikerin, für ihre Kinder Frederik (7) und Mara (5)

Isa besucht mit ihren Kindern den «kulinarischen Kulturtöter», als dort nicht allzu viel los ist. «Na, dann wollen wir doch mal sehen, was es hier so gibt», flötet sie fröhlich, während Frederik und Mara auf die Angebote überm Tresen starren. «Ich will einen Burger mit Fritten», ruft Frederik.

«Oh ja, das will ich auch», sagt Mara.

«Gut, zweimal, und dann noch drei Apfelschorlen, bitte.»

«Nichts zu essen für Sie?», fragt der Angestellte.

«Für mich?» Isa schaut ihn so empört an, als habe er ihr gerade einen Klaps auf den Po gegeben. Der Angestellte blickt etwas verwirrt, macht dann aber die Bestellung fertig. «Kinder, setzt euch schon mal an den Tisch dadrüben. Ich bringe euch das Essen. Wie zu Hause, Service muss sein.» Während die Kinder zu einem freien Tisch laufen, nimmt Isa die beiden Menüs entgegen, stellt das Tablett an einem Stehtisch ab, zieht unauffällig ihren kleinen Salzstreuer heraus und verpasst beiden Burgern und Fritten eine ordentliche Portion Extrasalz. Denn eines weiß sie bestimmt: Zu viel Salz mögen ihre Kinder überhaupt nicht. Dann trottet sie unschuldig zu Frederik und Mara und serviert ihnen das, worauf diese sich schon den ganzen Tag gefreut haben.

«Ähhh, was ist das denn? Das schmeckt voll salzig.» Frederik guckt angewidert.

«Bäh, schmeckt eklig, Mama, hier, iss du!» Mara will ihrer Mutter eine versalzene Fritte andrehen, aber die wehrt ab: «Nein, danke, Schatz. Das ist lieb. Aber mir schmeckt das Essen hier ja sowieso nicht so gut. Nur wollte ich, dass ihr euch eure eigene Meinung bildet. So viel Fairness muss sein. Wisst ihr, ihr müsst das auch nicht essen. Ich kann euch gern zu Hause …»

«Pizza!», ruft Frederik.

«Ja, Pizza. Und als Nachtisch Spaghetti-Eis», sagt Mara glücklich.

Na also, wenn das keine gesunde Alternative ist. Isa weiß, dass ihr Trick nicht ewig halten wird. Aber ein, zwei Jahre einen Junk-Food-Hersteller weniger, das ist ihrer Meinung nach Gold wert, damit die Kinder groß und stark werden (und sogar größer als ihre Mutter).

Anmerkung:

Oh, bevor wir es vergessen. Wie Isa oder andere Eltern in diesem Buch über McDonald's oder anderes Fastfood denken, spiegelt nicht die Meinung der Autoren wider. Wir sagen nicht, dass McDonald's schlechtes Essen macht. Das wollen wir hier ausdrücklich noch einmal hervorheben. Warum? Weil das Essen im Knast wahrscheinlich schlechter schmeckt als das bei McDonald's. So, jetzt warten wir auf die Anzeige vom Knast-Catering (Knast-Catering, ist das der korrekte Begriff? Wir wissen es nicht).

Ernährung: Ratgeber ohne Ratnehmer

Wie bei vielen Themen haben Eltern auch beim Thema Ernährung nicht immer den direkten Zugang zum Gehörgang ihrer Kinder. Und das, obwohl die Eltern, was Ernährung angeht, doch einen unbestreitbaren Kompetenzvorsprung haben: Sie leben. Sie haben sich so ernährt, dass sie am Leben geblieben sind. Und das schon ziemlich lange. Trotzdem orientieren sich Kinder hier wie auch bei anderen Themen eher an Menschen, die längst nicht so viel Erfahrung und Kompetenz haben: an Jugendlichen. Und darum hört man selten Sätze wie: «Mama und Papa, ich hab mir jetzt extra viel Zeit genommen. Erzählt mal, wie ist das noch mal mit der gesunden Ernährung?» Sondern eher Sätze wie: «Der Jan darf auch jede Woche Burger und Pommes essen, ich will auch!» Franka meint, wenn Jugendliche der Bezugspunkt sind, könnte man doch die Supermarktprospekte, die ihr andauernd ins Haus flattern, etwas jugendlicher gestalten, um Gemüse für Kinder reizvoller zu machen:

Chillige Veggies

ZUCCHINI

MEGAGEILES ZEUG!!!

PAPRIKA

Schlappe 1,58 Euronen/kg

KRASSGEILE SCHEIßE !!!

Mickrige 2,39 Euronen/kg

►►►►► Alter, zieh dir das voll rein!!! ◄◄◄◄

Nur für coole YOUTUBER! Nix für KIDS!

Doch bis es so weit ist, muss Franka sich etwas anderes ausdenken, um ihren sechsjährigen Sohn für Gemüse zu begeistern.
Frankas Freundin Ellen bringt sie auf eine Idee. Sie erzählt
ihr von Anne, die der Meinung ist, dass bei einem bestimmten
Fastfood-Fresstempel die Beigabe von Spielzeug die Kinder
anlockt und süchtig macht. Das heißt, zusätzlich zu den üblichen
Geschmacksverstärkern und den coolen Namen.

Der Trick: McMutti

Von Franka (37), Medienkauffrau, für ihren Sohn Paulus (6)

Zunächst kocht Franka Broccoli nicht irgendwie, sondern ähnlich wie Chicken McNuggets mit einer leicht süßlichen Panade. Das wirkt schon einmal wie ein ordentlicher Geschmacksverstärker. Aber weil «Es gibt Broccoli!» immer noch nicht der krasse Hinterm-Handy-Hervorlocker ist, tauft sie die Dinger auch noch um. «Es gibt Snack Bits!», ruft sie, wenn es Broccoli gibt, «Heute lecker Naginacks!», wenn sie gebratene Möhrchenstangen mit köstlicher Soße serviert. Allein das zieht bei dem Kleinen schon ganz gut. Aber die Krönung, die absolute Krönung ist, wenn sie erzählt, dass der grüne Hulk so grün und kräftig ist, weil er sich Snack Bits reinhaut. Und jetzt kommt's: Franka hat auf dem Flohmarkt billig einen Satz gebrauchte Legoheldenfiguren geschossen und stellt ihrem Sohn einen Legohulk neben den Gemüseteller. Oder eben einen Ironman oder einen Batman. Der Kleine ist geradezu süchtig nach Gemüse geworden. McMuttis Marketingtrick ist ein absoluter Treffer.

Aber was für ein Aufwand!, haben wir uns dabei gedacht. Ist das nicht total übertrieben? Diesen Gedanken hat Franka schnell relativiert: «Sonst sitze ich jedes Mal total lange neben dem Kleinen und versuche ihn zu überreden, sich einen Happen Gemüse reinzuziehen. Das kostet nicht nur Zeit, das kostet mich auch ohne Ende Nerven. So eine Heldenfigur hat mich auf dem Flohmarkt 1,50 Euro gekostet. Jetzt soll noch einer sagen, dass das für so ein Ergebnis zu teuer ist.»

Nachtrag:

Als die Freunde von Paulus zu Besuch kamen, wollten sie unbedingt Snack Bits haben. Kein Problem, dachte Franka. Nur dass die Kurzen natürlich auch die Legohelden haben wollten. Da wurde es für sie dann doch ein bisschen zu teuer. Aber jetzt überlegt Franka, einen Snack-Bits-Laden für Kinder zu eröffnen. Also ein Restaurant, das sich auf gesundes Kinderfood spezialisiert und mit denselben Tricks arbeitet wie die Fastfoodketten. Wir finden, das ist doch mal eine wirklich gute Geschäftsidee, und wünschen Franka viel Erfolg!

Marihuana

Es gehört mit zum Schwersten, was Eltern in der Erziehungsmaloche zu leisten haben: den Kindern zu erklären, warum Drogen schlecht sind. Erst recht, wenn das Früchtchen der Lenden unter Alkoholeinfluss entstanden ist. Ohne präkoital wahrnehmungsverändernde Substanzen hätte Leo nicht das Licht der Welt erblickt. Oder wie sein Vater Matthias reimt:

Nach einem Merlot war ich ihr Gigolo.

Nach Mouton-Rothschild, da machte ich sie wild.

Und nach dem Chardonnay, da sagte sie: Okay!

Peinlich. Ja. Ob das der Grund ist, warum Leo kifft? Das wissen Petra und Matthias nicht. Aber dass es nicht so weitergehen kann, das wissen sie. Sie haben sich mit dem Thema Marihuana schon länger auseinandergesetzt. Sie sind eigentlich für eine gut kontrollierte Legalisierung. Ihrer Meinung nach käme dann nur noch ordentlicher Stoff auf den Markt und kein Shit, der von kriminellen Dealern mit anderen Drogen versetzt wird, um die Kunden anzufixen. Überhaupt würde die Kriminalität sinken. Das denken die beiden. Aber sie haben dazu noch eine andere Meinung: Kein Marihuana an Jugendliche. Petra sagt: «Das Gehirn ist in der Wachstumsphase viel zu anfällig für so etwas. Da können Psychosen entstehen und so weiter. Da muss man alles tun, damit die Jugend in dieser Phase so wenig wie möglich davon abbekommt.»

«Wir wissen aber auch», wirft Matthias selbstkritisch ein, «dass Alkohol noch verheerender wirken kann.»

«Jajaja», stöhnt Petra. «Es ist jetzt nicht die Zeit für Vergleiche. Wir müssen jetzt ein Signal setzen!»

Wir wollen nicht den ganzen Abend der Suche von Petra und Matthias nach der richtigen Erziehungsmethode gegen das Kiffen ihres Sohnes wiedergeben. Entscheidend ist, dass sie sich für einen Trick entschieden haben, der ganz und gar nicht ihrem Charakter entspricht.

Der Trick: Voll auf Entzug

Von Matthias (59) und Petra (50), Bootsbauer und Designerin, für ihren Sohn Leo (15)

In dieser Nacht hat Petra Matthias überredet, nicht wie normale Eltern auf das Kiffen zu reagieren, sondern total überzogen. Nur so, dachte sie, setzt man bei einem Jugendlichen noch einen Marker im Kopf. Sie stellten ein Möbelstück nach dem anderen auf ein Rollbrett und zogen alles ins Ankleidezimmer nebenan. Jetzt sah Leos Zimmer so aus wie die Drogenhöhle in *Trainspotting*, da war sich Petra sicher. Auch wenn Petra da vielleicht *Christiane F.* und *Trainspotting* etwas durcheinanderwirft.

Gegen zwei Uhr nachts kommt Leo zurück, hängt brav seine Jacke an die Garderobe, geht in sein Zimmer, macht das Licht an und denkt: «Hab ich gekifft? Nein. Heute doch nicht. Oder? Moment mal …» Er dreht sich um, guckt noch einmal ins Zimmer. «Nee, hä? Is' doch mein Zimmer.» Leo starrt in den Raum. Alle Möbel sind rausgeräumt. Bett, Regal, Schrank, Schreibtisch, alles weg. Auf dem Boden liegt nur noch die Matratze und daneben ein Eimer mit der Aufschrift «Kotze».

«Mama? Papa?» Leo ruft vergebens, die beiden schlafen tief und fest. Dass sie bei ihrer Trickfindung ein paar Gläser Rotwein zu viel hatten und dieser Trick auch deshalb so ausgeufert ist, weiß Leo nicht. Er weiß auch nicht, was das hier soll. Er vermutet, dass die beiden renovieren wollen oder so etwas. Zu müde, um herauszufinden, was hier läuft, legt Leo sich auf die Matratze und pennt ein.

Nächster Morgen. Frühstückstisch. Leo ist entsetzt. Er starrt auf seinen Vater und seine Mutter. Diese ihm unbekannten Wesen reden mit ihm wie mit einem Junkie kurz vorm Goldenen Schuss. Sein Vater erklärt ihm mit überzogen mitfühlender Mimik, dass er seinen Sohn, seinen über alles geliebten Sohn, für dessen Drogenkonsum nicht verurteilen möchte. Dass sein Sohn aber hier in seinem Zimmer einen kalten Entzug machen müsse. «Du kannst dich da auskotzen und so, das haben wir mal in einem Film gesehen. Wenn's nicht klappt, kannst du immer noch in eine Entzugsklinik. Das halten wir dir offen.»

Leo glaubt, im falschen Film zu sein. Er beobachtet seine Mutter, die sein bisschen kiffen offenbar richtig mitgenommen hat. Sie hat tierische Kopfschmerzen und sieht überhaupt nicht gut aus. Das tut ihm leid. Sie hätte ihm womöglich weniger leidgetan, hätte er gewusst, dass der Rotwein schuld ist.

Leo wird mulmig zumute. Wenn die beiden so durchdrehen, muss am Kiffen doch mehr dran sein, als die anderen zugeben und er selbst gedacht hat. Er denkt zwar auch, dass seine Eltern einen Knall haben, aber das dachte er ja eigentlich schon immer.

Kurzum, das inszenierte Entzugszimmer war ein Erfolg. Allerdings kein voller Erfolg. Den beiden wurde bald klar, dass sie ihren Sohn nicht dazu bringen würden, ganz mit dem Kiffen aufzuhören. Dann wäre er bei seinen «Kollegen» unten durch. Aber immerhin schwor Leo hoch und heilig, dass er das Zeug geringer dosieren und nur noch Gras von einem allen dreien bekannten, vertrauenswürdigen Dealer rauchen würde. Die Möbel wurden wieder reingetragen. Den Kotzeimer stellte sich Petra ans Bett. Eine von den zwei Flaschen Rotwein war wohl schlecht.

Grundnahrungsmittel Schokolade

«Karl ist kein gewöhnlicher Junge. Karl ist hochbegabt», sagt Paul. Klar, man traut einem Vater wie Paul – wie eigentlich jedem stolzen Vater – durchaus zu, seinen durchschnittlichen Sohn hochbegabt zu nennen. Aber Paul begrenzt die Begabung seines Sohnes auf ein bestimmtes Merkmal: Schokolade essen. Und damit ist nicht gemeint, dass Karl hin und wieder ein Stückchen Schokolade verdrückt. Sondern, wie es sein Vater formuliert: «Er atmet eine ganze Tafel weg wie andere Leute Luft holen.» Wo immer, wann immer Karlchen eine Tafel erwischt, blitzschnell krallt er sie sich wie ein Raubtier seine Beute. Er ist der Gepard unter den Schokojägern. Und wie bei einem Raubtier sieht man die Spuren der Beute anschließend überall. Paul kommt es inzwischen vor, als würde er seinen Sohn gar nicht mehr ohne Schokolade im Gesicht kennen. «Selbst wenn wir ein Passfoto machen müssten, wüsste ich nicht genau, ob Karl nicht im letzten Moment noch eine Schokolade im Gesicht hätte.» Na ja, aus Sicht der Polizei wäre das auch wünschenswert, denn ohne Schokolade im Gesicht würden sie ihn ja gar nicht erkennen. Das nennen wir doch mal ein echtes biometrisches Passbild mit besonderen Kennzeichen.

BUNDESREPUBLIK DEUTSCHLAND FEDERAL REPUPSBLIC OF GERMANY REPUPSLIQUE FEDERALE D'ALLEMAGNE
PERSONALAUSWEIS
IDENTITY CARD/CARTE D'IDENTITE 983882767280009
Name/Surname/Nom
Müller
Vornamen/Given names/Prénoms
Karl Andreas
Geburtstag und - ort/Date and place of birth/Date et lieu de naissance
24.02.2008 Schokostadt
Staatsangehörigkeit/Nationality/ Gültig bis/Date of expiry/Date d'expiration
Nationalité
DEUTSCH / 26.05.2018
Unterschrift der Inhaberin/des Inhabers – Signature of bearer –
Signatur de la titulaire/du titulaire

IDD<<MÜLLER<<KARL ANDREAS<<<<<<<<<<<<<<<<<<<<<<<<<<<
50999300393029202<<<93509854850938<09Schoko584850<<<<4

Der Trick: Schokoschockbilder
Von Paul (39), Social-Media-Experte, für seinen Sohn Karl (9)

Wie kann man einen dermaßen fixierten Jäger von seiner Beute abhalten?, fragt sich Paul. Und das fragt er sich nicht bevor, sondern nachdem er so ziemlich alle gängigen Methoden der aufgeklärten Erziehung ausprobiert hat. «Voodoo wäre vielleicht noch eine Möglichkeit, wenn ich eine Karl-Puppe mit Schokomikadostäbchen bearbeiten würde. Oder ich schicke ihn zur Hypnose. Bei Rauchern soll das ja helfen.» Und da kommt ihm eine Idee: «Schockbilder auf der Packung! Natürlich, wie naheliegend!»

Ja, Paul, das ist ja so was von naheliegend. Hä? Welche Art von Schockbildern meinst du, Paul?

Und dann zeigt uns Paul seine eindrucksvolle Antwort. Bilder von übergewichtigen, nein, seien wir ehrlich, stark übergewichtigen, nein, seien wir richtig ehrlich, unsagbar fetten Kindern, die Paul aus dem Internet gezogen und auf die Schokoladenpackungen geklebt hat. Bilder, die Wut auslösen. Wut auf die Eltern, die ihre Kinder offenbar leichtfertig ins Mündungsfeuer der Süßwarenindustrie laufenlassen. Und Wut auf die Süßwarenindustrie, die alles, wirklich alles tut und alle nicht bis ins Fundament gefestigten Gemüter manipuliert und drangsaliert. Und es sind Bilder, die auch Mitleid auslösen. Mitleid mit diesen Kindern, die wie ein Mahnmal gegen den Fresswahn dastehen in ihrer Unbeweglichkeit. Auch Paul sieht sein Versagen kommen. Und wir seinen Erziehungstrick auch als Verzweiflungstat. Und so lautet jetzt die entscheidende Frage: Hat der Trick funktioniert? Wie hat Karl reagiert? Paul sagt: «Tut mir leid, Karl hat die Schockbilder einfach mit aufgegessen.» Bitte? «Nein, war ein Witz. Die Bilder haben funktioniert, Karl war ziemlich von den Socken. Er wusste gar nicht, dass es einen Zusammenhang gibt zwischen Essen und Dicksein. Und das, nachdem ich ihm das schon tausendmal erklärt habe.» Aber Paul, wir wissen es doch: Ein Bild sagt mehr als tausend Worte. Und zwar so viel, dass Karl seinen Schokoladenkonsum inzwischen eindämmt. Und wir sagen: Hschlichen Glscwnshc ... Entschuldigung, wir haben den Mund voller Schokolade: Herzlichen Glückwunsch!

Nachtrag:

Als Karls Mutter einmal beiläufig meinte, ihr Mann solle sich mehr bewegen und nicht jeden Meter mit dem Auto fahren, klebte Karl die abschreckenden Bilder mit Prittstift auf Papas Auto. Da hat sich Paul total gefreut, dass er beim Abrubbeln des widerspenstigen Klebers so richtig ins Schwitzen kam.

Lass laufen!

Wenn es nach Frida ginge, sollten einige Kindergeschichten besser im Archiv verstauben, als noch immer vorgelesen zu werden: «Zum Beispiel die Geschichte von Hase und Igel. Da ist es doch so: Der Hase ist sportlich, die Igel nicht. Die Igel bescheißen und gewinnen. Was ist denn das für eine Moral? Es ist doch besser, wenn die Kinder merken, dass Bewegung und nicht Bescheißen zum Erfolg führt. Ich würde die Geschichte so enden lassen: Die Igel werden fett, kriegen Diabetes und kratzen ab. Zunächst der erste und dann der zweite Igel. Und dann ruft der erste Igel im Igelhimmel: ‹Ich bin schon hier.› Oder in der Igelhölle. Weil, wenn man bescheißt, kommt man in die Hölle.»

So, haben wir das jetzt verstanden, liebe Kinder? Wissen wir jetzt, um was es geht? Nein? Dann hören wir doch, was Frida noch zu sagen hat: «Meine Kinder sind ja auch Igel. Die lassen *mich* immer laufen. Obwohl ich mittlerweile echt kein schneller Hase mehr bin.[2] Und sie selbst sitzen rum und werden rund und dick. Die kriegt man ja heutzutage gar nicht mehr aus dem Haus raus, weil alles da ist, was sie brauchen. Also nutze ich jede Gelegenheit, um die zwei zum Laufen zu kriegen. Wirklich jede.»

---

2 Und auch nie warst, liebe Frida, wie wir jetzt von deiner Schwester erfahren haben. Hase hört sich ja so nach freier Wildbahn und Langstrecke an. Aber wenn wir unserer Informantin trauen dürfen, warst du mehr so ein Gartenkarnickel.

Was Frida meint, ist: Wenn die Igel bescheißen, werden die Igel beschissen.

Der Trick: Drrring-Drrring-Drrringeldiding!
Von Frida (36), Zahntechnikerin, für ihre Töchter Ella (8) und Julia (7)

Frida wohnt mit ihren zwei Töchtern, Hund und Mann (die Reihenfolge haben wir mal so aufgeschrieben, sie meint es aber bestimmt nicht so) am Stadtrand. Dort ist es zwar schön grün, aber leider herrscht dort auch tote Hose. Es gibt zum Beispiel keine Eisdiele. Immerhin kommt bei gutem Wetter, ein- bis zweimal die Woche, der Eiswagen vorbeigerollt. Frida schmeckt das Eis nicht besonders, aber die Kinder sind ganz heiß darauf. Kaum bimmelt die Bimmel vom Eiswagen, reißen sie die Tür auf und stürmen aus dem Haus. Dabei vergessen sie oft auch noch das Geld, laufen wieder zurück, schnappen sich von Frida ein paar Euros und rennen dem Eiswagen hinterher wie Windhunde hinter Hasen. Für Frida ist es immer wieder ein wunderbarer Anblick, wenn ihre Stubenhocker mal losrennen, und es ist für sie auch schön zu sehen, dass die Stühle noch nicht an ihren Hintern kleben.

Sie weiß nicht, wie sie darauf gekommen ist, aber als die beiden Eisabhängigen einmal länger Schule hatten, nahm Frida das Bimmeln des vorbeirauschenden Eiswagens mit ihrem Smartphone auf. Am nächsten Tag, der Eiswagen würde heute bestimmt nicht kommen, wartet sie, bis die beiden wieder in ihren Zimmern hocken, und startet die Aufnahme: «Drrring-Drrring-Drrringeldiding!» Zack! fliegt die erste Tür auf, zack! die zweite. «Eiseiseiseiseis», ruft Ella und rennt aus der Tür. «Warteeeee!», ruft Julia und klebt ihr an den Hacken. Da bleibt Julia plötzlich wie angewurzelt stehen, blickt sich um und fragt: «Wo ist er denn hin?» Gerade will Mama Frida flunkern und ihnen quasi einen Eisbären aufbinden, da ist das gar nicht nötig, denn Ella ruft: «Oh, ich glaube, nach links.» Und sofort zischen die beiden wie ferngesteuert die Straße entlang.

«Die waren eine Viertelstunde im Dauerlauf unterwegs», berichtete Frida abends ihrem Mann lachend. «Und ich fühle mich nicht schuldig. Nein, ich habe sie ja nicht angelogen. Ich meine Kinder anlügen? Wie komme ich denn dazu? Ich habe lediglich ein bisschen Musik gehört. Was kann ich dafür, wenn die so unglaublich musikalisch sind?»

Helm auf!

«Setz deinen Fahrradhelm auf!»
 «Nein!»
 «Timo, setz bitte deinen Helm auf.»
 «Nein, der sieht voll scheiße aus.»
 «Tut er nicht.»
 «Tut er doch.»
 «TIMO!»
 «NEIN!»
Ein kurzer Eindruck von dem auf den ersten Blick ziemlich begrenzt wirkenden Erziehungstalent von Timos Vater Jo. So ist das, nicht jeder ist mit einem silbernen Pädagogiklöffel im Mund geboren worden. Aber Jo gibt nicht auf und hat Timo erklärt, wie wichtig ein Fahrradhelm ist. Oder sagen wir besser, er hat es versucht:

Jo erzählt Timo von der Helmpflicht für Profiradfahrer. Das bedeutet, dass Timo sogar einen Helm tragen müsste, würde er bei der Tour de France mitfahren wollen.

Timo: «NEIN!»

Jo preist die Sicherheit der neuen Helme an, die jeder Superheld gern tragen würde.

Timo: «NEIN!»

Jo nimmt seinen Sohn mit nach draußen und lässt ihn mit der Hand auf den harten Asphalt schlagen: «Timo, tut das nicht weh?»

Timo: «NEIN!»

Wie andere Eltern auch probiert Jo nach diesen vergeblichen Versuchen, noch einmal auf die einfühlsame Art beim Vernunftzentrum im Kinderhirn anzuklopfen:

Einfühlsame Pädagogik

Mit Helm: **Ohne Helm:**

Der Trick: Niemals ohne

Von Jo (34), Gastronom, für seinen Sohn Timo (9)

Oh, das haben wir vergessen, natürlich trägt Jo einen Helm. Er möchte gern ein gutes Vorbild sein. Na? Ändert das deine Meinung, Timo? «NEIIIN!»

Im Moment bedeuten Timo Coolness und Aussehen mehr als irgendein dahergelaufenes Vatervorbild. Und was passiert, wenn der Papa das Zauberwort «cool» benutzt?

«Timo, guck mal, mein Helm sieht total cool aus.»

«Nein, dein Helm sieht total scheiße aus!»

Jo weiß nicht weiter: «Wann ist es eigentlich in Mode gekommen, dass Rotzblagen Elternoutfits so uncharmant abwerten dürfen? Na gut, dann sehe ich für meinen Sohn eben scheiße aus. Trotzdem behalte ich meinen Helm auf. Nein, das ist es: Gerade deswegen behalte ich ihn auf. Und zwar immer!»

Immer? Das heißt ... ja, wir haben es auch nicht geglaubt. Aber Jo trägt seinen Kopfschmuck nicht nur auf dem Fahrrad, er trägt ihn auch, wenn er seinen Sohn mit dem Auto von der Schule abholt. Er trägt ihn so lässig wie einen Sonnenhut und winkt Timo von weitem zu: «Hey, cooler Junge! Ich bin's, dein Papa! Hier bin ich! Ich bin der mit dem Helm! Huhuuh!»

Das ist für Timo zu viel. Timo erklärt sich bereit, einen Helm zu tragen. Und zwar nicht weil sein Vater immer einen trägt, sondern damit er ihn nicht immer trägt. Wie nennt man so etwas? Eine paradoxe Vorbildfehlfunktion? Eine ästhetische Erpressung? Für Jo ist das egal: «Ich bin glücklich. Mein Sohn ist doch nicht so saublöd, wie ich dachte.» Zufrieden mit seinem sicherheitspädagogischen Erfolg meint er: «Junge Menschen muss man auf den richtigen Weg schubsen. So ist das eben. Aber bei Älteren würde ich sagen: Ein Gehirn, das zu doof ist, sich selbst zu schützen, ist so einen coolen Helm gar nicht wert.»

Rauchzeichen

Was sagt Katharina, wenn sie vermutet, dass ihre 13-jährige Tochter mal wieder mit ihren älteren Freundinnen geraucht hat? «Das ist nicht gut für dich. Glaub mir, du wirst mir später noch einmal dankbar sein.» Und was passiert dabei in Sophies pubertierendem Gehirn? Das: «Wow, meine Mutter hat recht. Denn wenn ich es mir richtig überlege, ist es jetzt im Moment für meine Entwicklung gar nicht so wichtig, so cool und beliebt zu sein wie meine Freundinnen, sondern es ist viel wichtiger, dass ich meiner Mutter in dreißig Jahren dankbar sein kann.»

Nein, nein, nein, bitte kein Neid, liebe Mütter, das war natürlich ein Witz. Töchter, die auf diese altbackenen Phrasen hereinfallen, gibt es nicht. Und um es klar zu sagen, das gilt auch für die Phrase: «Und wenn andere von einer Brücke springen, springst du dann auch?» Cool und beliebt wollen sie sein, das ist klar. Und mit cool und beliebt meint Sophie genau die älteren Mädchen, die in ihren Miniröckchen nachts vor den Kneipen und Restaurants bibbern und sich mit zittrigen Fingern eine Zigarette reinziehen und dabei ungefähr so cool wirken wie ein kaputter Wackeldackel, der versucht wie ein Rassehund auszusehen. Und das, während die uncoolen Nichtraucherinnen ihnen drinnen die gutaussehenden Sportlerjungs ausspannen.

Wenn altbackene Phrasen nicht mehr helfen, wie wäre es dann mit neu gebackenen? «Brad Pitt mag keine Raucherinnen, das hat er mal in einem Interview erzählt», sagt Katharina. Na? Wirkt so etwas vielleicht bei Sophie? Leider nicht, Katharina. Du vergisst, dass Brad Pitt für dich ein heißer Typ ist, für Sophie ist er ein rüstiger Rentner, mehr nicht. Aber immerhin bringt Katharina ihre Leidenschaft für die Schauspielerei auf eine Idee. Sie kennt aus ihrer Jugendzeit eine Schauspielerin, die mittlerweile am Stadttheater spielt. Und statt sich mit Sina wie sonst im Café zu treffen, lädt sie sie zu sich nach Hause ein. Und wer ist sonst noch daheim? Sophie natürlich.

Der Trick: Gute Mimin zum bösen Spiel

Von Katharina (42), Geologin, für ihre Tochter Sophie (13)

Sophie kennt Sina nicht, aber Sina macht sich sofort unbeliebt, als sie Sophie bei der Begrüßung ins Gesicht hustet. «'tschuldigung, Sina, tut mir leid mit dem Husten.» Husten? Aha!, denken Sie, liebe Leser, jetzt: Ich weiß, wohin der röchelnde Hase läuft. Ja, das mag sein, aber Sophie weiß es nicht. Denn das Thema Rauchen hat Katharina in letzter Zeit absichtlich vermieden. Nach und nach steigert sich Sina in ihre Rolle der kranken Raucherin hinein. Was gar nicht so einfach ist, Sina ist Nichtraucherin. Aber den Unterschied zwischen Inhalieren und Paffen bekommt Sophie gar nicht mit. «Was macht eigentlich Robert?», Katharina beginnt das Gespräch nach Plan.

«Ach, mit dem ist Schluss.»

«Oh, das ist schade. Und wieso?», fragt Katharina nach. Auch Sophie hört interessiert zu, Beziehungsprobleme ziehen bei jungen Mädchen immer.

«Ach, der ... das ist so ein Gesundheitsfreak geworden. Ich ...», Sina hustet erst mal lang über den Tisch hinweg. Für Sophie, die sich sowieso wegen jeder Kleinigkeit ekelt, sind damit die Plätzchen auf dem Tisch tabu geworden.

«Der Robert, der hat jetzt irgendein idiotisches Model. So eine, die nicht säuft und nicht raucht. So eine totale Langweilerin, so eine ...», wieder hustet Sina, während sich Sophie leicht angeekelt wegdreht.

«Das hört sich aber gar nicht gut an, Sina. Warst du mal beim Arzt?»

«Mein Arzt ist ein Idiot. Der will mir nur den Spaß am Rauchen verderben. Immer dieselbe Leier. ‹Sie können sich auch gleich 'ne Kugel in den Kopf schießen, geht schneller und ist humaner›, hat der zu mir gesagt. Was für ein Spinner.» Sina zündet sich eine Zigarette an, zieht daran und hustet wieder los. Dieses Mal so stark, dass sie den anschließenden Auswurf in ihr Taschentuch husten muss. Das ist zu viel für die zarte Sophie: «Äh, Mama, ich muss mal, da war gerade ein Anruf für mich, oder so ... Bis später.» Während sich Sophie rausschleicht, nicken die beiden Schauspielerinnen einander grinsend zu. «Oh nein! Das sieht aber aus wie Blut, Sina, schrecklich!», schiebt Katharina für Sophie hörbar schnell noch nach.

Na, das war ja mal spitzenmäßiges Erziehungstheater! Und das Publikum? Die passende Reaktion bleibt nicht aus. Sophie kommt, nachdem Sina weg ist, zu ihrer Mutter und meint: «Boah, das ist ja voll brutal. Die Frau muss unbedingt aufhören mit dem Rauchen.»

«Das habe ich ihr schon so oft gesagt. Aber wenn man erst mal abhängig ist, dann ist das nicht mehr so leicht, Sophie.»

«Trotzdem, du musst die davon abbringen, das geht so nicht.»

«Gut, das mache ich. Und du hilfst mir dabei, ja?»

«Ja, natürlich, das mache ich, Mama.»

So, und jetzt kommt die spannende Frage: Wer ist cooler? Ein engagierter Lebensretter oder ein kaputter Wackeldackel?

Das Bewegungslosprofil

Der Bewegungsradius von Kindern hat sich in den letzten Jahren deutlich verringert. Theresa hat in einem Artikel gelesen, dass Kinder sich früher noch in einem Radius von mehreren Kilometern von zu Hause entfernt haben. Heute sind es nur noch wenige hundert Meter. Schuld daran, so heißt es, seien meistens überängstliche Eltern. Und die Medien, die diese Elternangst durch dramatisch übertriebene Berichterstattung von Entführungen und Unfällen befördern, um daran durch verkaufte Zeitungen und hohe Einschaltquoten zu verdienen. Rein statistisch gesehen passiert Kindern sogar weniger als früher. «Aber wir wissen es», meint Theresa: «Wir leben in einer Welt, in der den Fakten der Stinkefinger gezeigt wird. Kurz: Fuck the Facts!»

Klar hat Theresa auch Angst um ihre Kinder, sie will aber zwei Dinge vermeiden: Überängstlichkeit und Bewegungslosigkeit. Denn das wäre die Konsequenz, wenn sich der Bewegungsradius einiger Kinder in ihrer Freizeit auf nur noch fünf Meter beschränkt: Vom eigenen Zimmer in die Küche, ins Bad und zurück. «Diese Kinder haben einen entscheidenden Vorteil: Kommen sie später in den Knast, maulen sie nur noch, wenn sie Hofgang haben», sagt Theresa.

Theresa möchte ihre Kinder aber nicht auf den Knast, sondern auf ein Leben in Freiheit vorbereiten. Und vor allem will sie, dass sich die kleinen Stinker mal bewegen. Denn ihre beiden Söhne, die auch schon mit dem Fünf Meter-Virus von anderen angesteckt wurden, halten es für den Wind der großen weiten Welt, wenn sie mal ihr Zimmer kurz durchlüften. Für jedes Ziel, das mehr als 100 Meter entfernt ist, sollen Mami oder Papi die Kurzen im Auto chauffieren. Wie kriegt man diese zwei Bewegungsasketen jetzt dazu, ihren Hintern an die frische Luft zu halten?

Der Trick: Business as unusual

Von Theresa (39), Sekretärin, für ihre Kinder Vincent (8) und Pascal (10)

Etwas über 50 Meter von Theresas Haus entfernt steht der nächste Kiosk. Es ist schon ein Wunder, dass die beiden Jungs diesen Weg mit ihren eigenen Füßen zurücklegen. Dass sie das tun, ist nur Theresas strategischer Weigerung zu verdanken, den beiden vom Supermarkt ihre Lieblingssüßigkeiten mitzubringen. «Das könnt ihr euch am Kiosk holen, ich schleppe das nicht alles in den vierten Stock.» Aber Theresa will mehr. 50 Meter reichen nicht aus zur Aktionsradius-Erweiterung und auch nicht, um als echte Bewegung durchzugehen. Also steht Theresa eines Tages beim Kioskpächter, schaut ihn mit ihren großen braunen Augen an und sagt: «Sie sind doch so ein netter Mann ...»

Am nächsten Tag stehen Vincent und Pascal wieder am Kiosk und wollen dort wie immer einkaufen, als der Mann sagt: «Tut mir leid, ich habe gestern eine neue Direktive bekommen. Ich darf nicht mehr an Kinder verkaufen. Sorry, Jungs.» Die beiden können ihr Unglück gar nicht fassen, da winkt Mr. Kiosk die zwei heran und flüstert: «Aber bei Paolo, die Straße runter, da kriegt ihr euer Zeug. Ich weiß, dass er auf jeden Fall an Kinder verkauft. Aber den Tipp habt ihr nicht von mir.» Und so traben die beiden los. 500 Meter die Straße entlang. Moment, noch einmal in Worten, weil's so unglaublich klingt: fünfhundert Meter! Und zurück! Das macht ein Kilometer Laufleistung. «Du musst uns das jetzt vom Supermarkt mitbringen, wir kriegen das jetzt nicht mehr hier vorne beim Kiosk», beschwert sich Pascal. «Nein, tut mir leid. Wenn ihr das haben wollt, müsst ihr euch das selber kaufen. Basta.»

Und so ist es geblieben. Die beiden laufen und laufen und laufen. Theresa hat mit dem Kioskbesitzer einen Deal ausgehandelt: Sie kauft bei ihm ein, dafür kaufen die Kinder bei der Konkurrenz. Ganz schön durchtrieben. Was den moralischen Aktionsradius von Theresa angeht, können wir festhalten: weit, sehr, sehr weit!

Nur ein paar Drinks

Der Mensch ist schon seltsam. Kaum weicht der tägliche Überlebenskampf einem Alltag mit halbwegs komfortablen Bedingungen, fügt sich die selbsternannte Krone der Schöpfung aus freien Stücken für den Organismus unverträgliche Substanzen zu, für deren Auswirkungen sich der Mensch wahlweise lobt – «Scheiße, was war ich gestern blau!» – oder tadelt – «Scheiße, was war ich gestern blau!».

«Ich vertrag viel mehr als du! Du bist ja nach 'ner Weinschorle schon voll wie 'n Bus.» Wer spricht da? Natürlich, wer sonst: eine 16-Jährige mit ihrer Mutter. Hatte Mama Nina dem weiblichen Geschöpf, was Alkohol angeht, mehr Urteilsvermögen zugetraut, wird sie ausgerechnet von ihrer Tochter Saskia enttäuscht. «Sie prahlt doch tatsächlich damit, wie viel sie verträgt. Als gäbe es fürs Saufen einen Nobelpreis», meint Nina. Saskia glaubt, der Alkohol hätte auf sie keinerlei Auswirkungen. Obwohl sie nach

Ninas Auffassung zwar mehr angibt, als sie wirklich trinkt, ist Nina diese kritiklose Haltung gegenüber der beliebten Volksdroge nicht recht. Wenn sie mit ihr darüber sprechen will, ist Saskia ungefähr so aufmerksam wie ein zugedröhnter Punker im VHS-Kurs «Lyrik im Alter». Als Nina eines Abends mit ihrer Nachbarin und Freundin Ella zusammensitzt, kommt den beiden eine Idee.

Der Trick: Gewonnen – das große Orientierungslos
Von Nina (39), Sprecherin, für ihre Tochter Saskia (16)

Nina wohnt mit ihrer Tochter in der zweiten Etage eines Mietshauses mit zwölf Parteien. Ihre Freundin Ella wohnt in der dritten Etage direkt über ihnen. Eine Etage unter Nina wohnt die alte Frau Peters. Eine Frau im besten Alter. Im besten Alter, um alle Mieter mit ihrer hässlichen Seele zu drangsalieren (O-Ton Nina). Sie sorgt nicht nur dafür, dass alle Schilder an den Briefkästen die gleiche Schriftgröße haben, sie überwacht die absolute Uniformität im gesamten Treppenhaus.

Als Saskia mal wieder nach «ein paar Drinks» nach Hause kommt und im schlecht beleuchteten Treppenhaus unterwegs nach oben ist, öffnet Ella in Ninas Wohnung im zweiten Stock die Wohnungstür und schaut Saskia verdutzt an: «Hallo Saskia, ich hab dich schon raufkommen gehört. Was machst du denn hier oben? Hast du dich verlaufen?»

«Ich, wieso?»

«Du bist eine Etage zu hoch.»

«Ach, echt? Oh, 'tschuldigung.» Während Saskia auf dem Absatz kehrtmacht und, ohne es zu ahnen, unterwegs zu Frau Peters ist, schleicht sich Ella aus Ninas Wohnung heraus eine

Etage höher in ihre eigene. Nicht ohne den Türspalt offen zu lassen, um das Gespräch von Saskia und Frau Peters mitzubekommen. Denn als Saskia etwas benebelt versucht, mit dem Schlüssel die Tür von Frau Peters zu öffnen, schlägt diese in der Wohnung Alarm: «Halt! Wer ist da? Polizei! Einbrecher!» Empört öffnet sie die Tür: «Kind, was machst du hier? Bist du betrunken?»

«Äh, tut mir leid, hab mich in der Etage geirrt. Äh …» Da macht ihre Mutter eine Etage über ihr die Wohnungstür auf und ruft hinunter: «Alles okay, Saskia? Was ist passiert, Frau Peters?»

«Ihre Tochter ist besoffen und wollte bei mir einbrechen!»

«Bitte? Das glaube ich nicht. Können wir das morgen klären? Saskia, komm bitte hoch, wir haben zu reden.»

Und um den kleinen Geniestreich perfekt zu machen, guckt jetzt auch Ella von oben aus der Tür: «Alles in Ordnung bei euch? Saskia, geht's dir auch gut?»

Vielleicht hätte Saskia darauf kommen können, dass sie hier gerade einem kleinen Trick aufgesessen ist. Aber niemals hätte sie gedacht, dass die olle Frau Peters da mitmacht. Hat diese ja auch nur ohne ihr Wissen. Darum hat der Trick einwandfrei funktioniert. Und Saskias Ansicht zum Alkohol? Sagen wir mal so: Sie hat gemerkt, dass sie sich auf ihr eigenes Urteilsvermögen nicht so gut verlassen kann. Und Selbstkritik ist bekanntlich der erste Weg zur Besserung.

Wir wollen für das Produkt, um das es nachfolgend geht, keine Werbung machen. Denn dieses Produkt ist, das haben wir aus verschiedenen Zeitungen erfahren, nicht ganz vorbehaltlos zu genießen. Weder was die Inhaltsstoffe noch was die Art und Weise der Herstellung angeht. Nichtsdestotrotz, oder gerade deswegen, wer weiß das schon bei uns kindischen Konsumenten, ist es sehr populär. Wie erklären wir nun am einfachsten, also auf die simpelste Art, um welches Produkt es sich handelt, ohne den Produktnamen zu nennen? Also ohne Werbung dafür zu machen und ohne verklagt zu werden. Nun, ganz einfach: Der Name dieses Produktes klingt so ähnlich, als ob eine bekannte amerikanische Jazzsängerin[3], deren Nachname dem eines großen amerikanischen Schriftstellers[4] gleicht, dessen bekanntestes Werk zweimal verfilmt wurde, einmal 1974 mit Robert Redford und einmal 2013 mit Leonardo DiCaprio in der Hauptrolle, in einem durch alkoholisierte Männer, die nach der Befriedigung hier nicht näher erläuterter Sehnsüchte und Leidenschaften streben, stark frequentierten Stadtviertel oder einer Straße, bei ihrem Vornamen und ihrer dort scheinbar feilgebotenen Profession zur Befriedigung ebendieser Bedürfnisse, und nicht, um es ausdrücklich zu sagen, der Gesangskunst wegen, gerufen wird. Der Produktname ist, denjenigen, die es noch nicht erkannt haben, sei diese Hilfe auf den letzten Metern des Erkenntnisweges gewährt: ein Deonym. Ein Deonym ist, und hier stimmen alle unnütz Gebildeten, vulgo alle intelligent Defäkierenden, unisono ein: ein Wort der Sprache, das von einem Namen abgeleitet wird.

3   Ella Fitzgerald
4   F. Scott Fitzgerald

Ja, genauso ist es. Denn wer sagt schon Nuss-Nougat-Creme? Das sagen nur Leute, seien wir ehrlich, von denen handeln nur unsere trockensten Träume. So. Alles klar?

Kurze Rede, langer Sinn: Soll man dieses Produkt seinen Kindern vorenthalten? «Ja!», ruft Thomas energisch. «Das Zeug ist nicht gesund für Kinder!» Hey, haben Sie, liebe Leser, das gehört? Klingt gut, oder? Ein fürsorglicher Vater. Toll. Aber jetzt möchten wir doch wissen: Meidet dieser Vater, vorbildlich, wie er sich anhört, dieses «Zeug» denn auch? Thomas: «Nein! Quatsch, natürlich nicht. Ich habe das schon immer gegessen. Ich kann nicht ohne.» Aha. Da ist er wieder, der kindische Konsument. Aber wie schafft es jetzt der offensichtlich süchtige Vater, seine dreijährige Tochter vom Genuss dieser süßen Droge abzuhalten?

Der Trick: Märchendoktor der Medizin

Von Thomas (42), EDV-Fachmann, für seine Tochter Maria (3)

Wenn Maria das besagte Produkt auf dem Tisch sieht und Vati und Mutti (das wollen wir nicht unterschlagen, Mutti ist auch dabei) zuschauen muss, wie sie sich die Creme genüsslich aufs Brötchen schmieren, reagiert sie altersgerecht mit «Ich will auch, Papa! Ich will auch!». Und was sagt der Papa? «Nein, Maria, tut mir leid. Das ist nur für Erwachsene. Das ist Medizin.» «Medizin?», fragt Maria. «Ja, Medizin», bestätigt Vati im Brustton eines verantwortungsvollen Drogenberaters. Und um ganz sicher zu sein, dass die Kleine nicht die Schrankschubladen hochklettert, um an die «Medizin» zu gelangen, stellt Thomas die Droge in sein Medizinschränkchen. Und auch bei Nachfragen seiner

Tochter am nächsten oder übernächsten Tag bleibt er dabei. Bis Maria eines Tages nachfragt: «Bist du krank, Papa?»

«Nein ... äh ... ich esse das auch, damit ich nicht krank werde. Aber wie gesagt, das ist nur für Erwachsene.» Lüge, alles Lüge! Aber es funktioniert. Unser herzlicher Glückwunsch geht an den drogenabhängigen, konsumkindischen Vater.

Nachtrag:

Wenn Kinder sich um Eltern sorgen, gehört das mit zum Rührendsten, was Eltern erleben. Es war ein Morgen im November. Thomas lag im ersten Stock im Schlafzimmer mit einer starken Erkältung im Bett und schlief. Seine Frau Alma setzte unten Maria an den Frühstückstisch und ging kurz ins Bad. Als sie wieder zurückkam, war Maria verschwunden. Aus dem Schlafzimmer hörte sie Thomas rufen: «Iiiih, was machst du da? Bähh, nicht!» Na, was hat Maria wohl gemacht? Maria hat versucht, dem schlafenden Kranken einen großen Löffel Schokocreme einzuflößen, und als das nicht gelang, hat sie die Creme in seinem ganzen Gesicht verteilt. Und was ist dann passiert? Nach ein paar Tagen war Thomas wieder gesund. Ein medizinisches Wunder!

Buntes
Benehmen

Notlüge ohne Not

Mittwoch:

Nur noch eine halbe Stunde bis Feierabend. Heute ist es im Büro mal wieder richtig hektisch. Marla muss in ihrer Halbtagsstelle wie so oft die Arbeit eines ganzen Tages erledigen, da klingelt auch noch das Telefon. Ihre Tochter ist am Apparat: «Mama, Johann und ich haben den Bus verpasst. Kommst du uns holen?» Oh nein, denkt sie, auch das noch. Das war's für heute. Sie packt alles schnell zusammen und fährt zum Busbahnhof der Kleinstadt, damit ihre Kinder Johann und Sarah nicht eine ganze Stunde auf den nächsten Bus warten müssen. Zu Hause angekommen, macht sie schnell das Essen fertig und checkt noch mal ihre E-Mails vom Büro.

Donnerstag:

Marla schaut ungläubig in das Gesicht ihrer Nachbarin. Die erzählt ihr, dass ihr Sohn, ein Schulkamerad von Johann und Sarah, sich fragt, wieso die beiden gestern nicht in den Bus gestiegen sind, sondern sich von ihrer Mutter abholen ließen. «Darauf weiß ich keine Antwort», sagt Marla. «Aber ich werde eine bekommen.»

Und jetzt sitzen die beiden vor ihrer Mutter und stammeln sich allerlei Ausflüchte zusammen, bis sie letzten Endes zu dem wahren Grund kommen, warum sie ihre Mutter von der Arbeit gerufen haben. Und dieser ist: «Es ist bequemer.» Ja. Wir haben auch gestaunt. Bequemer? Aber sicher. Denn wenn die beiden aus dem Bus aussteigen, müssen sie bis zu ihrer Wohnung noch 300 Meter zu Fuß gehen. Das geht für die zwei, im wahrsten Sinne des Wortes, wirklich zu weit. Marla regt sich darüber natürlich auf und erklärt den beiden, dass es nicht richtig ist, aus Bequemlichkeit so frech zu lügen und ihre Mutter auch noch früher von der Arbeit zu locken. Sie erklärt und erklärt und erklärt und ... Sarah guckt auf ihr Handy, Johann guckt Löcher in die Luft. Und Marla denkt: «Passt bloß auf!»

Der Trick: Gewonnen!
Von Marla (38), Bildungsmanagerin, für ihre Kinder Johann (9)
und Sarah (11)

Freitag:

Die Kinder kommen von der Schule nach Hause. Marla läuft hektisch hin und her und wirft ein paar Socken in eine Tasche. «Schnell, schnell, Kinder, schnell, schnell!»

«Was ist los, Mama, was hast du?», fragt Johann.

«Gute Neuigkeiten, sehr gute Neuigkeiten!»

«Was denn, was denn?», fragt Sarah gespannt.

«Ich kann es noch gar nicht glauben. Wir haben im Lotto gewonnen!»

«Was?», staunt Johann.

«Wie viel?», fragt Sarah.

«Genug für einen spontanen Urlaub. Wir holen Papa sofort von der Arbeit ab und fahren los. Schnell, packt nur das Nötigste ein. Den Rest kaufen wir am Urlaubsort.»

«Aber wo fahren wir denn hin, Mama?», fragt Sarah.

«Nach Italien!»

«Jaaaaa!», rufen die beiden. Und in Windeseile packen sie zwei, drei Sachen zusammen und sitzen mit Mama im Auto. «Oh, ich muss nur noch schnell beim Zahnarzt vorbei, wegen der Auslandsunterlagen, wisst ihr?»

«Okay», murmeln beide, die sich im Smartphone schon die schönsten Strände angucken. Ein paar Minuten später sitzen sie im Wartezimmer ihres Zahnarztes, und eine gemein grinsende Mama kommt auf sie zu. «Na? Wisst ihr was?»

«Nein, was?», fragt Sarah.

«Ich habe euch angelogen. Wir haben gar nicht im Lotto gewonnen. Ihr fahrt nicht nach Italien. Ihr geht zum Zahnarzt.»

«Waaaaaas?» In diesem Moment hätte der Zahnarzt prima bis in den letzten Backenzahn bohren können, so weit standen ihre Münder auf.

«Aber Mama!», schimpft Sarah da empört. «Warum hast du uns so fies angelogen?»

«Na, das wisst ihr nicht? Weil's bequemer ist!»

Das hat gesessen. Jetzt wurde den beiden so einiges klar. Und sie hörten zu. Wort für Wort. Und Marla hatte ja recht: Für sie war es in der Tat viel bequemer als sonst gewesen, die beiden zum Zahnarzt zu bekommen. Ohne das ganze Genörgel, Gejammer und Gezeter. Ganz im Gegenteil, die beiden hatten unterwegs einen Heidenspaß. Aber darf man sie deshalb so übel anlügen, nur weil es für die Mama bequemer ist? Nein, meinten die zwei einstimmig, so etwas tut man nicht. Genau. Und? Hat diese Einsicht weh getan? Hat sie nicht. Der Zahnarztbesuch übrigens auch nicht.

Tischmanieren

Neulich, da ist mir was passiert. Das war seltsam. Und ich meine echt seltsam. Weil, so ein bisschen seltsam ist meine Familie ja sowieso. Das wissen alle. Nur die nicht. Also: Ich sitze so am Küchentisch und esse meine Fischstäbchen. Fisch ist eklig, aber Fischstäbchen sind voll lecker. Das ist so. Zu den Fischstäbchen gibt's immer noch was dazu. Ich weiß aber nicht was, weil ich das nicht esse. Irgendwas Grünes. Ich sitze da so und esse. Auf einmal verzieht meine Schwester ihr Gesicht. Sie verzieht ihr Gesicht so richtig, so als ob sie total angewidert wäre. Und Mama guckt mich so ähnlich an, aber mehr so verkniffen und schüttelt dazu den Kopf. Und dann guck ich Papa an, und Papa nickt mit dem Kopf. So als ob er sagen wollte: Jaja, das kommt davon, das hast du nun davon. Aber ich denke nur: Ey, Leute, was ist hier los? Was hab ich gemacht? Aber ich komme erst mal nicht drauf, was die meinen, und denke: Egal, Fischstäbchen sind alle, jetzt hau ich mir den Nachtisch rein. Joghurt mit Schokokeksen. Mit Schokokeksen, weil Joghurt allein, ohne Schokokekse, selbst Erdbeerjoghurt, also das schmeckt nur so halb bis viertel gut. Die Schokokekse, die brösele ich mir da immer selber rein. Und da guck ich auf den Tisch, und was soll ich sagen: Weg! Die Schokokekse sind weg! Einfach weg! Eben waren sie noch da, jetzt sind sie weg! Und ich gucke Papa an, und der nickt immer noch so, als ob er sagen wollte: Jaja, das kommt davon. Aber er grinst auch noch dabei. Und Mama grinst jetzt auch. Und Sophia grinst jetzt auch. Alle grinsen mich an. Voll gruselig. Und ich weiß nicht, was passiert ist, ich weiß es einfach nicht. Voll seltsam, oder? Aber voll total seltsam!

Der Trick: Popelige Zauberkekse

Von Adam (33), Kaufmann, für seinen Sohn Luis (5)

Seltsam, Luis, warum haben deine Mutter und deine Schwester angeekelt geguckt? War es, Lord Luis, weil du dir den Mund eine Spur zu grob an der handgewebten Serviette abtupftest, bevor deine Lippen den vergüldeten Rand des Kristallglases erreichten, das nobel schimmernd dein Getränk umhüllt? Äh, nö. Es war, lieber Luis, weil du dir mit der Gabel in der einen Hand Fischstäbchen reingeschaufelt hast, während du mit dem Zeigefinger der anderen Hand tief, sehr tief in deinem Nasenloch verschwunden warst. Und du hast dann was mit deinem Nasenfund gemacht, Luis? Darüber breiten wir lieber den (popelverschmierten) Mantel des Schweigens aus. Und dann? Was ist nach dem Angeekelt-Gucken von Mama und Schwester passiert? Wie passt das Verhalten vom Papa da ins Bild? Und warum sind plötzlich die Schokokekse verschwunden?

Wir haben die Antwort auf all diese Fragen: Papa Adam hat nur gewartet, bis Luis von den Blicken seiner Mutter und seiner Schwester abgelenkt war, und hat dann die Schokokekse vom Joghurt stibitzt. Aber Luis ist ja nicht von vorgestern, er hat natürlich gefragt, wo die Kekse sind. Woraufhin Adam ihm den Grund für den geheimnisvollen Schwund nennt: «Durchs Popeln verschwinden Schokokekse. Weißt du das nicht? Das hängt zusammen.»

Kurze Pause, Luis überlegt. Dann bricht es aus ihm heraus: «Aber ich hab doch gar nicht gepopelt!»

«Doch, du hast gepopelt, du merkst es aber nicht mehr.»

«Aber was haben Schokokekse denn mit Popeln zu tun? Ich popele doch keine Schokokekse aus der Nase.»

«Noch nicht. Aber das ist so, Luis: Wenn du nicht mal weißt, dass du popelst, bist du nicht konzentriert. Süßes aber macht dich noch mehr rappelig, und du kannst dich noch weniger konzentrieren. Das heißt, wenn du dich konzentrierst und nicht mehr popelst, erst dann verträgst du wieder Süßes, und die Kekse kommen automatisch zurück.»

«Ach so. Ich soll also beim Essen nicht mehr popeln?»

«Genau.»

«Warum habt ihr mir das nicht vorher gesagt?»

«Haben wir, aber du hast es immer wieder vergessen.»

«Okay. Na gut, dann popele ich nur noch vor und nach dem Essen.»

«Äh, na ja, darüber reden wir noch mal ...»

Vor und nach dem Essen wird gepopelt? Das ist jetzt nicht gerade der Manieren letzter Schluss, aber Adam hat mit seinem kleinen Keksezaubertrick die Aufmerksamkeit von Luis deutlicher erreicht als mit schlauen Erklärungen. Eine schlaue Erklärung hat er seinem Sohn dann aber doch noch mit auf den Weg gegeben: «Ich bin Kaufmann, Luis, und ich muss häufig mit Geschäftspartnern essen gehen. Wenn da jemand popeln würde, der wäre wie ein Außenseiter, mit dem würde man kein Geschäft abschließen.» Luis überlegt kurz, dann bricht es aus ihm freudestrahlend heraus: «Dann muss man sich einfach Leute suchen, die auch popeln. Dann ist man kein Außenseiter mehr!» Na, und wer möchte bei so einem Geschäftsessen denn nicht dabei sein?

Motzkopf

Es soll ja Leute geben, die gucken morgens in den Spiegel und denken: «Boah, wie scheiße siehst du denn aus?» Moritz hingegen würde sagen: «Boah, Mama, hast DU diesen blöden Spiegel gekauft? Wie kannst DU nur so eine Scheiße kaufen?!» Neun schöne Jahre mit einem lieben, netten Jungen ... vorbei, denkt Nadine. Denn jetzt hat ein beharrlich motzender Mund Besitz vom unschuldigen Gesicht ihres Sohnes ergriffen. Er mäkelt an allem und jedem herum. Am Essen («Dein Essen schmeckt nicht!»), an der Kleidung («Ich wollte ein Shirt in hellblau, das ist blau!»), am Haus («Wieso haben wir keinen Pool? Die Eltern von Fred sind reich, die haben einen Pool und einen Tisch aus Maccaroni.») und natürlich an den Familienmitgliedern. Und warum? Nadine und ihr Mann Ingolf wissen es nicht genau. Sie selbst springen mit niemandem so um. Und ihre süße siebenjährige Tochter Anna sowieso nicht. Die Lebensumstände von Motzkopf, wie sie ihn intern nennen, haben sich nicht großartig verändert. «Fred sieht er ja kaum, vielleicht ist es sein neuer Freund Toby», meint Ingolf, «der lächelt auch nur, wenn er Geld dafür kriegt.» Vielleicht geht es ihm aber einfach zu gut. Denn offenbar handelt Moritz nach dem Motto: Wenn dir das Leben ein Füllhorn mit Früchten schenkt, nimm dir einen Apfel, beiß hinein und wirf ihn dem Nächsten an den Kopf. Nadine, Ingolf und Anna leiden. Aber Ingolf hat eine Idee, wie er Moritz Motzkopf die Wirkung seiner lästigsten Motzsprüche veranschaulichen kann.

Der Trick: Die Motzmandalas

Von Ingolf (39), Biologe, für seinen Sohn Moritz (9)

Ingolf schreibt ein paar fiese Sprüche seines Sohnes auf, verpackt sie in kleine (und etwas armselige, *Anm. der Motzautoren*) Motzmandalas, druckt sie als Aufkleber aus und verteilt sie im Zimmer von Moritz. Damit soll Moritz genau die Sätze vor Augen haben, die er anderen an den Kopf wirft. Und er kann sich so ausmalen, was er bei seiner Familie anrichtet.

Motzmandalas? Und die sollen wirken? Gut, wir sind keine Psychologen und keine Pädagogen, schwingen uns aber trotzdem zu einer fachlich qualifizierten Anmerkung auf: Hmm, äh, nö, irgendwie komisch. Woraufhin wir aber diese Knallerweisheit von Ingolf entgegengeschleudert bekommen: «Wer heilt, hat recht.» Denn gewirkt hat der Trick. Vielleicht weil die Sprüche, die Moritz immer absondert, in der 2. Person verfasst wurden. So hätten sie genauso gut an ihn selbst gerichtet sein können. Ihm wurde deutlich dokumentiert, was er sonst nur flüchtig hört, wenn er es ausspricht. Wer die ganze Zeit auf ein «Verpiss dich!» blickt, den kann so etwas sogar so weit bringen, sich bei dem Opfer der Verbalattacke zu entschuldigen. Und zur Belohnung darf seine Schwester alle Mandalas ausmalen. Einziges Mandalamanko: Jetzt hat die Siebenjährige Gefallen am Klang dieser Beleidigung gefunden und murmelt ständig vor sich hin: «Verpiss dich, hihi, verpiss dich.»

Langfinger im Haus

«Wo ist denn mein Ring?», fragt Martina aufgebracht ihren Mann Henry. «Der war auf jeden Fall in meinem Schmuckkästchen, jetzt ist er weg. Wir haben doch keine Langfinger im Haus, oder?» Henry mustert Martinas Schmuckkästchen und findet an ihrer Halskette einige Haare: «Na, sieh mal an. Da hat wohl jemand versucht, sich deine Kette umzuhängen, ist daran gescheitert und dann mit deinem Ring abgezogen. Jemand mit hellblondem Haar ...»

Henry macht sich auf den Weg in das Zimmer seiner sechsjährigen Tochter.

«Valerie, sag mal, hast du den Ring von Mama?»

«Ja, ich hab den geliehen.»

«Ach so. Und für wie lange wolltest du ihn ausleihen?»

«Immer.»

«Für immer?»

«Ja, für immer.»

«Valerie, für immer leihen, ohne zu fragen, das ist stehlen.»

«Ja? Na gut.»

«Nein, Valerie, das ist nicht gut, denn stehlen ...» Und hier erklärt Henry seiner Tochter sehr ausführlich die Definition von Besitz und Eigentum. Mit dem Ergebnis:

Henry: «Weißt du, Valerie, dann bist du eine Diebin.»

Valerie: «Okay. Meinetwegen.»

Dass seine Tochter es so leichtfertig hinnimmt, eine Kriminelle zu sein, passt Henry nun aber überhaupt nicht. Er greift in die Trickkiste beziehungsweise ins Schmuckkästchen.

Der Trick: Eine haarsträubende Lüge

Von Henry (47), Künstler, für seine Tochter Valerie (6)

Henry zieht die Haare seiner Tochter aus dem Schmuckkästchen: «Das sind deine Haare, Valerie, oder?»

«Ja, meine Haare.»

«Weißt du, das ist nicht so bekannt, aber jedes Mal, wenn jemand etwas klaut, verliert er ein paar Haare.»

«Ach, wirklich?»

«Ja, wirklich. Man weiß also immer, dass jemand etwas geklaut hat, wenn ihm ein paar Haare fehlen. Und wenn einem Haare fehlen, dann ist das doch wohl nicht so gut, oder?»

«Nein, ich will meine Haare behalten.»

«Prima. Haare behalten, Ring zurückbringen. Okay?»

«Ja, okay!»

Junge, Junge, was für eine haarsträubende Lüge. Aber sie hat funktioniert. Und nicht Henrys haarspalterische Wahrheit über Besitz und Eigentum. Dennoch, wir wissen es, alles hat zwei Seiten. Denn wenn Valerie zu einem Teenager heranwächst, wird eine Freundin vielleicht sagen: «Valerie, du bist ein tolles Mädchen, mit dir kann man Pferde stehlen.» Aber Valerie wird entgegnen: «Sorry, liebe Freundin, ich habe bei derlei Unterfangen die Sorge, zwar mit Pferd, aber ohne Pony wieder nach Hause zu kommen, wenn du verstehst, was ich meine.» Die Freundin würde das natürlich nicht verstehen und sich eine andere Freundin suchen. Valerie bliebe allein. Traurig, aber wahr.

Sicher kann man diesen Trick auch verwenden, ohne dass ein Kind im Schmuckkästchen Haare verliert. Ein Erwachsener, zumal ein skrupelloser, kann einfach behaupten: Allen Dieben fallen die Haare aus. Doch Vorsicht! Was da passieren kann …

1. Nachtrag:

Als Henry und Valerie einige Tage später im Supermarkt an der Kasse stehen, blickt Valerie vor ihnen auf einen Mann mit Glatze und sagt für alle gut verständlich zu ihrem Vater: «Guck mal, Papa, der Mann hat in seinem Leben aber schon viel geklaut.» Der Mann, gut eins neunzig groß, blickt Henry fragend an, der nur hilflos stammelt: «Tss, Kinder, die, hihi, die haben vielleicht eine tolle Phantasie.»

2. Nachtrag:

Henry ist ein kreativer Lügner. Aber ihm fehlt die gewissenhafte Sorgfalt, um eine Lüge aufrechterhalten zu können. Denn als Valerie im Badezimmer seine Haarbürste mit den verlorenen Haaren darin sieht, ruft sie laut: «Mama, der Papa hat was geklaut. Guck mal, ob dein Ring noch da ist!»

Rotzfrech

Wer will schon ein Kind, das immer nur lieb und nett ist? Katina nicht: «Das ist doch langweilig. Ich will ein lebendiges Kind. Und da gehört etwas Frechsein dazu.» Wir beachten das Wort «etwas». Der Frechdachs ist ein gerngesehener Artgenosse, wenn er das Frechsein nicht übertreibt. Katinas Frechdachsanleitung gibt Aufschluss darüber, wann der Dachs noch geschont und wann er zum Abschuss freigegeben wird.

Liebfrech:

«Du bist die beste Mama … die ich habe. Wenn ich eine andere hätte, wär's aber wahrscheinlich besser.»

– Eine kleine Stichelei, die wir schmunzelnd hinnehmen, obwohl wir leicht gekränkt sind.

Mittelfrech:

«Ich will nicht *gleich* essen. Ich will *jetzt* essen!»

– Diesen frechen Befehlston mögen wir gar nicht, schieben es aber auf eine eventuelle Unterzuckerung des Frechdachses.

Frech:

«Wo hast du meine Hose hingetan? Was kannst du eigentlich?»

– Keine Augen im Kopf, aber unsere gesamte Kompetenz in Frage stellen? Da müssen wir schon einen guten Tag haben, um nur mit dem Kopf zu schütteln.

Rotzfrech:

«Ich will den Film aber bis zu Ende sehen. Du bist eine dumme Kuh!»

– Die Jagdsaison ist eröffnet. Die Kuh zeigt dem Frechdachs, wo der Frosch die Locken hat. Und zwar mit ganz viel Liebe ...

Der Trick: Superlieb
Von Katina (43), Kaufmännische Angestellte, für ihren Sohn Jona (12)

Katina dreht den Jagdspieß um: Je frecher der Frechdachs, umso lieber die Jägerin. Kaum überspringt Jona die Grenze in Richtung rotzfrech, springt Katina ratzfatz auf ihn zu, nimmt ihn fest in den Arm (Katina hat einen Körper, der sich auch bei einem Zwölfjährigen noch fürs Umschlingen eignet) und gibt ihm erst mal einen dicken Kuss: «Komm her, mein kleiner Frechdachs du, bist du böse zu Mama? Na komm kuscheln.» Jona löst sich aus der Umarmung, aber Katina sprintet hinterher und will ihm Küsschen um Küsschen aufdrücken: «Warte, Dachsilein, ich weiß, du fühlst dich jetzt schuldig, weil du deine herzallerliebste Mutti beschimpft hast, und das, obwohl du deine Mutti doch so doll liebst.»

«Tu ich nicht», ruft Jona und haut ab. Aber Katina bleibt ihm auf den Fersen und streichelt ihm den Kopf. Jona schüttelt seinen Kopf widerwillig, Katina lässt sich nicht abhängen.

«Komm, mein süßer Frechdachs.»

«Ich bin kein Frechdachs!»

«Aber dein Schimpfen ist doch ein Schrei nach Liebe!» Katina muss lachen.

«Nein, das war kein Schrei», auch Jona kann kaum ernst bleiben bei seiner blödelnden Mutti. Aber diese überbordende Zärtlichkeit kann er in seinem Alter auch nicht mehr so richtig gut ausstehen.

«Komm her, ich kitzel dich jetzt durch, Frechdachs!»

«Hilfeeeee!»

«Ist ja gut, ich lasse dich in Ruhe.»

Am nächsten Morgen wacht Jona auf und blickt in den Spiegel. Irgendjemand hat ihm über Nacht ein dickes Herz auf die Wange gemalt. «Mensch, Mamaaaa!»

«Aber du liebst mich doch so sehr, Frechdachs!», ruft Katina.

Wochen später. Jona steigerte sich gerade wieder von Stufe «frech» zu Stufe «rotzfrech» und sagte: «Mensch, ey, du bist eine dum...», da hielt er inne, legte sich selbst den Finger auf den Mund, zischte «Scheiße» und rannte wie der Blitz aus dem Zimmer.

Brülläffchen

Kathrins Kinder schreien nicht nur, wenn sie zehn Meter entfernt steht, Kathrins Kinder schreien auch, wenn ihr Mundmegaphon bereits mitten in Kathrins Ohr steckt. «Wo ist mein blauer Malstift?! Mama! MAMA, MAMAAA!!!» Nicht selten schreit Kathrin unwillkürlich zurück: «WO DU IHN HINGELEGT HAST!!!»

«WO HAB ICH IHN DENN HINGELEGT?»

«WOHER SOLL ICH DAS WISSEN?»

«DAS WEISS ICH DOCH NICHT!»

«IHR MACHT SO LANGE, BIS EINER SCHREIT!» Dieser Standardspruch von Kathrins Vater käme bei ihren Kindern schon nach dem ersten Satz zu spät.

Wie oft Kathrin auf Brüllen mit Brüllen reagiert hat, weiß sie nicht mehr. Es ist ihr irgendwann nicht mehr aufgefallen. Erst als sie mal schreifrei hatte, weil ihre beiden Brülläffchen Lara und Linus eine Woche bei der Oma waren (die Gott sei Dank halbtaub ist), horchte sie misstrauisch in den Raum: «Hmm, irgendwas fehlt. Wieso schreit hier niemand rum?» Als sie dann noch in ihrem Kalender diesen Spruch von T. S. Eliot fand: «Man macht Lärm und glaubt sich zu unterhalten. Man macht Grimassen und glaubt sich zu verstehen», wuchs in ihr das Verlangen nach Veränderung. Der Kasernenhofton musste endlich der Menschenwürde weichen. Aber wie?

Der Trick: Mamas Leisestärke

Von Kathrin (34), Angestellte, für ihren Sohn Linus (8) und ihre Tochter Lara (10)

Zunächst glaubt Kathrin, die Wie-du-mir-so-ich-dir-Methode würde schnell Früchte tragen, und legt los: «WAS WOLLT IHR ZU ESSEN HABEN? HALLO? HALLO?» Aber die beiden erkennen sich selbst in ihrer Mutter nicht wieder. Sie reflektieren nicht, sie amüsieren sich: «Haha, lustig, Mama wird schon taub, so wie Oma.» Wenn das nicht klappt, denkt Kathrin, dann drehe ich den Spieß einfach um. Jedes Mal, wenn eines ihrer Kinder lauter wird, wird sie tauber. Wenn also Linus schimpft:

«Menno, ich will genauso viel Taschengeld wie Lara haben, MAMA! MAMAAA!»

Sagt Kathrin: «Ich höre dich ganz schlecht, Linus.»

«MEHR TASCHENGELD, MAMA!»

«Also jetzt höre ich dich überhaupt nicht mehr. Lass dir was einfallen, damit ich dich besser hören kann.» Die beiden merken schnell, dass ihre Wünsche, wenn sie laut werden, auf taube Ohren stoßen. Und Kathrin merkt, dass diese Methode deutlich besser wirkt als Befehle wie «Hör auf zu schreien!» oder «Kind, nicht so laut!».

Prima, es ist geschafft, kein Kasernenhofton mehr. Moment, kein Kasernenhofton mehr? So, liebe Kathrin, das müssen wir dir zum Schluss noch ganz leise sagen, verhindert eine Mutter Karrieren ihrer Kinder in der Armee.

Nachtrag:

Eltern und Kinder stehen immer unter Beobachtung, zum Beispiel, wenn Besuch kommt, wie Kathrins Schwägerin. Lara kam an den Tisch und schrie nicht, nein sie flüsterte ihrer Mutter leise zu: «Mama, hast du meine grüne Hose gesehen?» Auf der nächsten Familienfeier bemerkte Kathrin, wie ein Vorwurf an sie durchschimmerte: Du erziehst deine Kinder autoritär, die trauen sich nicht einmal, normal laut zu sprechen. Und Kathrin dachte: Wer gerecht behandelt werden will, der darf nicht Mutter werden.

Fremdschämen

«Ich habe doch alles für dieses Kind getan!»

«Was habe ich nicht alles für dieses Kind getan?!»

«Und was ist der Dank?»

«Ist das etwa der Dank, dass ich mir so etwas anhören muss?»

«Ist das der Dank?»

Christiane, um es noch einmal deutlich zu sagen: Ja, das ist der Dank. Der Dank für aufopferungsvolle Erziehungsarbeit, viel Liebe und Zuwendung, für totale Geborgenheit ist in der Pubertät nicht mehr, aber auch nicht weniger als ein «Fick dich!».

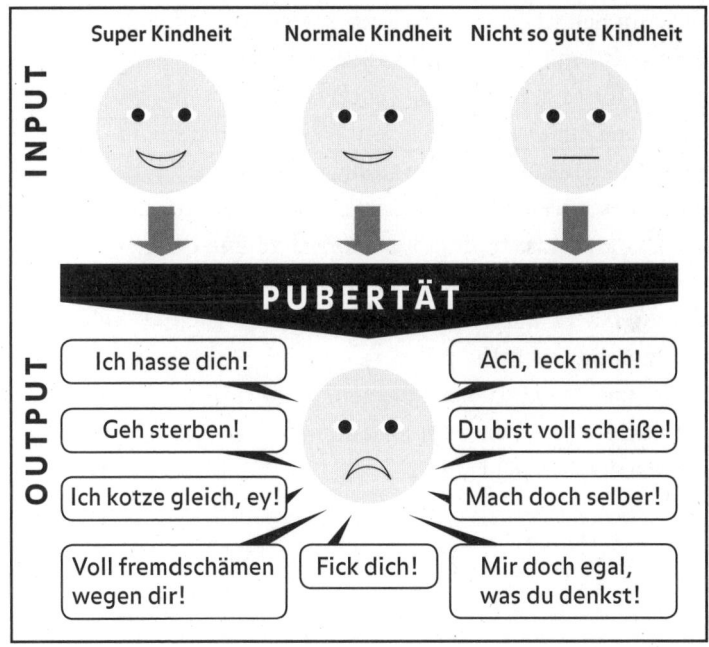

Millionen von Müttern und Vätern empfinden nicht nur das als ungerecht, sondern auch, dass die Nachbarskinder, die ja längst nicht so eine schöne Kindheit hatten wie die eigenen undankbaren Blagen, ihren Eltern ebenfalls nur ein «Fick dich!» an den Kopf werfen und ihnen nicht etwa, wie es in Relation nur gerecht wäre, dazu noch eins mit dem Baseball-Schläger überziehen. Und darum ruft Christiane: «DAS IST UNGERECHT!»

Christianes Tochter Nele hat ihren kompletten Fleiß nicht in der Schule verbraucht, sondern darauf verwendet, möglichst früh auf den Gipfel der Pubertät zu kraxeln. Und so knallt sie ihrer Mutter bei Scheiß & Teuer, D & OOF oder wie diese Modeketten auch immer heißen, ein glockenhelles «Fick dich!» vor den Latz, weil Mutti ihr nicht die Jeans für schlappe 120, sondern nur die für weniger schlappe 100 Euro kaufen möchte. Da steht Christiane nun, angestarrt von anderen Müttern und Vätern, deren Mienenspiel aus ihrer Sicht kein Mitgefühl, sondern bloße Häme ausdrückt. Sie spürt Scham in sich aufsteigen. Kaum ist Christiane sich ihrer Situation bewusst, nimmt Nörgel-Nele auch schon den zweiten Anlauf, um der Mutter den Todesstoß zu versetzen: «So 'ne kackbillige Hose, jetzt muss ich mich voll fremdschämen wegen dir!»

Sie schämt sich … meinetwegen?, denkt Christiane. *Sie* wegen *mir*? Das ist ja … das ist ja … ohhhurrrghaaammmaaah! Und da kam es plötzlich über sie.

　　　　　　　　　　　　　　　　　　　　Buntes Benehmen

Der Trick: Häuptling tanzende Scham

Christiane (43), Physiotherapeutin, für ihre Tochter Nele (11)

Christiane erinnert sich an ihre Jugend, an die Abende mit ihren Freunden, als sie noch kifften und tanzten. Damals stand sie auf der Bühne mit den «Blackbirds», einer (ihrer Meinung nach) ziemlich abgefahrenen Soulband. Und zum Abschluss des Abends spielten sie als Rausschmeißer immer einen Indianertanz. Jetzt schießt ihr eine Idee in den Kopf. Während sie auf das freche Gesicht ihrer Tochter blickt, fängt sie leise an wie ein Indianer zu singen: «Heyjajajajajajaja-Heyjajajajajajaja ...» Nele starrt sie an. Christiane macht unbeirrt weiter: «Heyjajajajajajaja-Heyjajajajajajaja ...», um dann dazu wie ein Indianer erst wenig, dann immer mehr zu tanzen und den Gesang zu steigern: «Heyhey-heyaaa-Heyheyheyheyheyaaaaa!» Nele guckt verwirrt, schüttelt den Kopf, wird knallrot, wirft die Hose auf den Boden und verlässt schlagartig den Laden. Christiane nimmt die Hose auf, faltet sie zusammen, will sie gerade wieder auf den Ständer hängen, da wird sie durch Applaus unterbrochen. Ein paar Leute, die Zeuge des Schauspiels gewesen sind, spenden der coolen Mutter grinsend Beifall. Christiane bedankt sich brav, schnappt sich ihre Tasche und macht sich auf die Suche nach ihrem Pubertätstöchterchen.

«Nie wieder, nie wieder gehe ich mit dir einkaufen!» Auf diese Ansage war Christiane gefasst. Und so legt sie ihrer Tochter einmal differenziert auseinander, was es bedeutet, wenn sie so mit ihrer Mutter spricht. Und auch, dass ihre Mutter jedes Mal einen Tanz aufführen wird, wenn sie einen Tanz aufführt. Und zwar überall. «Nie wieder, nie wieder hat sie ‹Fick dich!› zu mir gesagt», grinst Christiane. Und das ist doch mal einen Freudentanz wert: «Heyjajajajajajaja Hcyjajajajajajaja ...»

Geschenke

«Mama, wo hast du die Weihnachtsgeschenke versteckt?»

«Ach, frag nicht schon wieder.»

«Bitte, sag's doch endlich. Bitte, bitte, bitte!»

«Mensch, Lukas, wenn ich es dir sage, ist es doch keine Überraschung mehr.»

«Doch, ich weiß doch noch nicht, was es ist.»

«Schlaumeier, als wenn du die nicht auspacken würdest.»

«Nein, ehrlich nicht, ich will nur wissen, wo sie sind.»

«Immer das Gleiche. Okay, na gut, sie sind im Garten.»

«Ja, super ...» Lukas sprintet los, bleibt stehen, dreht sich um und guckt finster. «Wir haben gar keinen Garten! Du bist gemein.»

«Und du zu neugierig.»

Es wird jedes Jahr vor Weihnachten schlimmer für Paola mit ihren ungeduldigen und neugierigen Kindern. Sie muss sich nur kurz umdrehen, schon filzen die beiden die ganze Wohnung, krabbeln unter Betten, schieben Kommoden beiseite, durchsuchen den Keller. Sie haben sogar in der Waschmaschine nachgeguckt. Wenn sie noch daran glaubten, würden sie vermutlich auch dem Weihnachtsmann in den Bart und dem Christkind unters Kleidchen gucken. Letztes Jahr hatten sie die Hälfte der Geschenke vor Weihnachten gefunden und ausgepackt, und wollten dann was? Genau, noch mehr Geschenke, weil sie schon wussten, was sie bekommen. Versuche, den beiden die wunderbare Bedeutung der Geduld beizubringen, misslangen bisher. Das ist frustrierend für Paola, seit sie von diesem Test aus den sechziger Jahren gehört hat, bei dem Kindern eine Süßigkeit gegeben wurde mit dem Hinweis: «Wenn du dich geduldest und das jetzt nicht isst, bekommst du gleich noch eine Süßigkeit.»

Diejenigen, die warten konnten, wurden später im Leben erfolgreicher und sozial kompetenter. «Was soll aus meinen beiden werden?», fragt sich Paola: «Arschige Loser? Ich muss ihnen klarmachen, dass ihre Ungeduld zu nichts führt.»

Der Trick: Keine Geschenke erhalten die Freundschaft

*Von Paola (38), Gärtnerin, für ihren Sohn Lukas (7) und
ihre Tochter Marie (10)*

Paola tut so, als ob sie schon ein großes Geschenk gekauft hätte. Sie verpackt einen Karton weihnachtlich und versteckt ihn in ihrem Schlafzimmer im Kleiderschrank. Sie ahnt, dass die beiden das Geschenk sofort aufstöbern werden. Keine zwei Tage später ist es so weit. Marie schiebt die Kleider beiseite, Lukas drängelt an ihr vorbei: «Lass mich, ich will's aufmachen.»

«Aber du weißt doch gar nicht, ob es für dich ist.»

Lukas reißt das Papier vom Karton, hebt den Deckel hoch, und beide starren auf einen Zettel am Boden des Kartons, auf dem steht:

«Kinder, die Geschenke suchen,
werden das schon bald verfluchen,
habt ihr dieses hier gefunden,
sind die andern fast verschwunden,
kommen nicht zu euch zurück,
das ist Muttis Zaubertrick.
Hört ihr auf mit diesem Suchen,
will ich es noch mal versuchen,
Doch findet ihr noch EIN Paket,
in dem Gleiches wie hier steht,
ist es für euch zwei zu spät

und ihr erlebt: Geschenkediät!
Nur mit Geduld, das ist der Test,
gibt es was zum Weihnachtsfest.»

«Häää?», stoßen beide unisono aus. Bis Marie nachdenkt und sagt: «Scheiße, weißt du, was das heißt? Wir kriegen keine Geschenke, wenn wir weitersuchen. Schnell, wir packen alles wieder zusammen und tun so, also ob nichts gewesen ist.»

«Ja, das ist immer am besten», meint Lukas.

Und so hörten die beiden endlich auf zu suchen. Die Worte im Geschenkkarton waren für sie eindringlicher als alle Ermahnungen von Paola zusammen, die meinte: «Was ich getan hätte, wenn der Trick nicht geklappt hätte? Keine Ahnung. Da wär ich auf meine eigene Reaktion gespannt gewesen.» Aha, sehr gut. Und wir lernen daraus: Wer braucht schon Geschenke, wenn er sich selbst noch überraschen kann.

Ich will! Ich will! Ich will!

Ich will nach Hause! Ich will noch bleiben! Ich will Eis! Ich will Schokolade! Ich will einen rosa Elefanten! Ich will einen rosa Elefanten aus Schokoladeneis! Ich will, ich will, ich will! «Kinder, die was wollen, kriegen was auf die Bollen!, sagte meine Mutter früher», meint Tatjana. Dieser Spruch ist ihr gut in Erinnerung. Sie wusste als Kind aber gar nicht, was «Bollen» bedeutet (in ihrer Sprachregion Oberschenkel). Und wenn Tatjana damals nach dem vielen Wollen endlich mal etwas bekommen hatte und stolz ausrief: «Das gehört mir!», dann sagte ihr Vater: «Mach die

Augen zu, dann weißt du, was dir gehört.» Auch diesen Spruch hatte sie nie richtig verstanden. Seltsame Sprache, mystische Kindheit.

Und heute? Heute denkt sie: Dafür, dass ihre Eltern für die Kinder so eindeutig Besitzlosigkeit propagierten, haben die sich selbst aber ganz schön viel angeschafft. Wenn man heute auf die Umsatzzahlen der Spielwarenindustrie blickt, hat sich das immerhin altersgerecht angeglichen. Für die Kinder wird so viel ausgegeben wie noch nie. So ziemlich jeder Wunsch soll erfüllt werden. Hier ist Tatjana ausnahmsweise mal der Meinung ihrer Mutter, die gerne Wilhelm Busch zitiert: «Ein jeder Wunsch, wenn er erfüllt, kriegt augenblicklich Junge.» Tatjana zitiert aber, wenn ihre achtjährige Tochter Elisa immer noch mehr will, lieber Erich Fromm: «Wer bin ich, wenn ich bin, was ich habe, und dann verliere, was ich habe?»

Na, das wird die Kleine bestimmt verstehen, Tatjana. Seltsame Sprache, mystische Kindheit. Tatjana nerven die Konsumwünsche ihrer Tochter am meisten im Alltag, wenn sie zu wenig Zeit hat, die Tochterwünsche zu diskutieren, zu wenig Lust auf Geschrei und darauf, sie mit Sätzen wie «Gibt's nicht» und «Du hast schon alles!» einfach abzubügeln. Und wie geht es besser, Tatjana?

Der Trick: Das große Schauspiel
Von Tatjana (38), Besuchsleiterin, für ihre Tochter Elisa (8)

Trickreiche Hilfe bekommt sie von den großen Vorbildern ihrer Tochter, den Schauspielern. Elisa möchte nämlich irgendwann einmal Schauspielerin werden und im Filmgeschäft durchstarten. «Vor den Erfolg haben die Götter den Schweiß gesetzt», meint Tatjana. Auch das versteht Elisa nicht. Sie versteht aber ihre Mutter, wenn sie sagt: «Zum Schauspiel gehört die Kunst der Verstellung. Also, dass man manchmal einfach so tut als ob. Tu mal so, als ob du traurig wärst, Elisa.» Und schon verzieht Elisa ein Gesicht, das wirkt, als hätte sich gerade ihr Hamster erhängt.

«Du hast Talent. Aber wirklich schwierig ist es, wenn Schauspieler gegen ihre eigenen Wünsche anspielen müssen. Wenn sie also selbst etwas wollen, aber das nicht zeigen dürfen.» Oh, oh, Tatjana, alles klar, wir haben verstanden, jetzt wissen wir, wohin der Thespiskarren zieht, und sind gespannt auf die nächste Szene:

Tatjana hat wenig Zeit, sie muss in einer Spielwarenhandlung nur kurz ein Geschenk für ihre dreijährige Nichte abholen und weiß, wie gefährlich dieser Ort mit Elisa zu meistern ist. Aber Tatjana erinnert Elisa an deren Schauspielkarriere. Als Elisa von einer Verkäuferin angesprochen wird, ob sie schon die neue Meerjungfraufigur gesehen hätte, sagt Elisa: «Wer bin ich, wenn ich bin, was ich habe, und dann verliere, was ich habe? Erich Fromm. Auf Wiedersehen!» Dann dreht sie sich auf dem Absatz um und steuert ihre Mutter an, die sie lächelnd mit einem hochgereckten Daumen begrüßt.

Kaum sind die beiden draußen, sagt Elisa: «Das war gut, oder?»

«Das war spitze, Elisa!»

«So, Mama, jetzt können wir zurückgehen. Ich will die Figur ja haben.»

Gott sei Dank kann auch Tatjana schauspielern. Sie blickt auf die Uhr und ruft: «Waaaas? So spät ist es schon? Wir müssen los!»

«Du bist meine Schwester. Wenn du hinfällst, helfe ich dir immer wieder auf. Sobald ich mit Lachen fertig bin.» Ein bekannter Geschwisterspruch, den auch Emanuel, 10, hätte sagen können. Bis auf den Teil mit dem Aufhelfen. Denn im Moment sieht er seine achtjährige Schwester gern am Boden oder am liebsten gar nicht. Und da, wo das Mitgefühl des älteren Bruders fehlt, tritt die Frechheit der jüngeren Schwester auf den Plan, die dichtet: «Mein Bruder ist doof wie 'ne Sau, ich weiß das, weil ich bin so schlau.» Goethe? Schiller? Rilke? Nein, wir sehen ihr Reimtalent in Zukunft wohl eher als Rapperin (wofür Emma-Lotte ja auch mal wirklich ein knallhart cooler Name wäre). Das reizt Emanuel so sehr, dass er wenig kunstvoll antwortet: «Ich will deine blöde Fresse nicht mehr seh'n!» Daran sieht man, wie brutal Sätze ohne künstlerische Form wirken können. Kein Lachen, nicht mal ein Lächeln kommt hier heraus, nein, nur die reine kalte Brutalität. So empfindet es jedenfalls seine Mutter Adele. Vor allem, weil er diesen Satz dauernd wiederholt. Auch wenn sich Emma-Lotte längst für ihr kleines Saugedicht entschuldigt hat. Und das ist doch nun wirklich ungerecht, findet Adele. Ja, und wie antwortet Adele auf diese kunstlose Beleidigung ihres Sohnes? Natürlich mit Kunst!

Der Trick: Willkommen in der Galerie

Von Adele (39), Goldschmiedin, für ihren Sohn Emanuel (10)

Adele lädt Emma-Lotte zum Fotoshooting ein. Sie soll lustige und verrückte Grimassen ziehen, die Zunge herausstrecken, einen Vogel zeigen, die Augen rollen, eine Schnute ziehen, lauthals lachen, schief grinsen und so weiter. Das macht sie so einzigartig gut, dass man sagen kann, sie sticht aus der Grimasse heraus (das war ihr Witz, nicht unserer). Daher überlegen wir jetzt, ob ihr Talent in Zukunft vielleicht doch eher im Bereich Schnutenziehmodel liegen könnte oder Grimassiene oder wie solche Berufe heißen. Oder die Talente kombinieren? Ein rappendes Schnutenziehmodel? Egal. Diese Fotos bearbeitet Adele jetzt und setzt unter jedes Bild einen Spruch, wie zum Beispiel: «Es ist ein Glück, eine Schwester zu haben.» Oder auch: «Die schönste Fresse der Welt.» Die Bilder druckt sie auf DIN-A4 aus und hängt damit die ganze Wohnung voll. Im Flur, im Wohnzimmer, in der Küche, überall wird Emanuel jetzt gerade von der «Fresse» angestarrt, die er nicht mehr sehen wollte. Das wirkt. Zunächst ist er wütend, weil seine Schwester noch mehr Aufmerksamkeit bekommt, dann gleitet die Wut über in Säuernis, dann ist es ihm egal, dann kann er sogar darüber lachen. Den Spruch mit der Fresse hat er nicht mehr gesagt, und darum fällt Emma-Lotte dazu ein süß-säuisches Gedicht ein: «Mit meinem Bruder, so soll's sein, hatt' ich Schwein.»

Lügen und betrügen

«L'état c'est moi.» Der Staat bin ich. Dieses Zitat wird Ludwig XIV. zu Unrecht zugeschrieben. So etwas soll er als König nie gesagt haben. Aber als Vater bestimmt. Denn der Absolutismus war sehr lange Zeit das herrschende Erziehungsmodell. Heute streben wir in der Erziehung eher demokratische Verhältnisse an. Nur kann von echter Gewaltenteilung kaum die Rede sein. Die Gesetzgebung (Legislative), die ausführende Gewalt (Exekutive) und die Rechtsprechung (Judikative) liegen in einer Hand, der der Eltern. Diese Machtfülle löst nicht bei jedem Jubel aus. Gerade die Rechtsprechung macht Sascha verrückt: «Ich wäre so gern eine blinde Justitia. Und eine taube am liebsten noch dazu. Die Kinder machen mich ganz kirre mit ihrer ständigen Streiterei.»

Sascha will ein guter Vater sein. Ein guter Vater? Wir fragen uns: Was ist das? Was ein schlechter Vater ist, das ist schnell klar. Das ist einer, der wie bei einem Hahnenkampf die Kinder aufeinanderhetzt und dann darauf wettet, wer den Kampf überlebt. Und ein guter Vater? «Ein guter Vater ist ein gerechter Vater», meint Sascha und fragt sich: «Aber wie soll man bei so etwas hier gerecht sein?»

«Emilia hat mich gehauen!», brüllt Egon.

«Du hast angefangen!», kreischt Emilia.

«Ich hab gar nichts gemacht!»

«Jawohl!»

«Nein, du bist doof!»

«Du bist doofer!»

«Nein, duhuuu!», heult Egon und tritt zur Untermauerung seiner gerade formvollendet vorgetragenen Argumente in Emilias Richtung. Die wird getroffen, weicht beim zweiten Tritt aber geschickt aus, Egon verliert das Gleichgewicht und plumpst auf den Boden. Das macht ihn so sauer, dass er Emilia verfolgt, die sich schreiend in die Arme vom Papa flüchtet.

Wer, das ist für Sascha die entscheidende Frage, hat angefangen, den anderen zu schlagen? Denn Gewalt geht gar nicht, das ist sein Prinzip. Sascha ahnt, dass es mal wieder Egon war. Beschuldigt er ihn, ist Sascha aber wieder der Böse. Darauf steht Sascha nicht so richtig. Er möchte nicht nur ein gerechter, er möchte auch ein geliebter Papa sein. Und wie macht man das,

Sascha? Erzähl mal, wie sieht dein gerechter pädagogischer Plan aus, der Egon über die richtige, brüderliche Streitkultur aufklärt? Die Aufklärung hat uns schließlich aus der absolutistischen Hölle gerettet. Also, Sascha, auf geht's! – Äh, wie bitte? Hören wir da richtig? Du möchtest dich aus deiner Verantwortung als Richter stehlen? Und bitte womit, Sascha? Womit? Ist das dein Ernst? Wie kann ein aufgeklärter Mensch wie du Zuflucht im Hokuspokus suchen? Sascha, ganz ehrlich, wir sind enttäuscht. Tief enttäuscht. Sehr, sehr, sehr tief enttäuscht.

Der Trick: Der Lügendetektor

Von Sascha (33), Uni-Assistent, für seinen Sohn Egon (5) und seine Tochter Emilia (6)

«Ich hatte einfach die Nase voll von den Diskussionen und auch davon, dass ich der Böse bin, wenn ich ein Streiturteil spreche. Da habe ich mich an einen alten Zaubertrick erinnert. Ja, ist ja gut, vielleicht habe ich mich da ein kleines bisschen reingesteigert.»

Was hat Sascha getan? Er hat einen Lügendetektor für Kinder gebaut. Und so die Verantwortung von sich auf ein Gerät geschoben. Gerät, na ja, auf ein Gummibändchen. Aber wir müssen anerkennen: Das Ding funktioniert tatsächlich. Und das mit denkbar geringem Aufwand. Sascha braucht dazu nur:

- ein nicht zu kurzes Gummiband (Gummiring durchschneiden),
- einen kleinen Zettel,
- einen Streifen Tesafilm,
- eine gehörige Portion Durchtriebenheit.

Auf einen kleinen Zettel, ca. drei mal vier Zentimeter groß, schreibt Sascha an die rechte Seite «Lüge» und an die linke «Wahrheit». Und weil die Kinder noch nicht richtig lesen können, malt er zur Lüge ein böses und zur Wahrheit ein grinsendes Gesicht. Mit Tesafilm klebt er jetzt den Zettel auf die Mitte des Gummibandes. Er nimmt das Gummiband an beiden Händen zwischen Zeigefinger und Daumen und zieht es stramm. Die Handinnenflächen zu sich gewandt. Die Handaußenflächen sowie die Schrift auf dem Zettel zeigen Richtung Kinder. Er achtet darauf, dass er rechts und links verborgen in der Handinnenfläche jeweils ca. fünf Zentimeter Gummibandreserve hat.

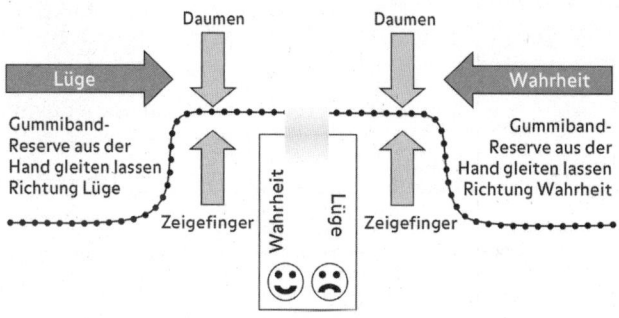

Beide Kinder sitzen Sascha am Tisch gegenüber. Und los geht's: «Ich will mich nicht auf die Seite von jemandem stellen, also habe ich einen neutralen Lügendetektor gebaut, Kinder», sagt Sascha. «Und der wird mir jetzt verraten, wer von euch beiden angefangen hat zu schlagen.»

«Was? Ein Dekektor?», fragt Egon.

«Ein Lügendetektor ist ein Gerät, das Lügen erkennt.»

«Pff, das glaube ich nicht.» Egon schüttelt den Kopf, während Emilia neugierig und still neben ihm am Tisch sitzt. Dieser Unglaube war von Egon zu erwarten, und darum hat Sascha auch eine einleuchtend blödsinnige Erklärung parat: «Mensch, Egon, das weiß doch jedes Kind, dieses simple Gerät funktioniert über Körperspannungsübertragungsdynamik. Man weiß ja, die Schwingungen bei Lügen sind im Körper andere als bei der Wahrheit. Wahrheit entspannt, Lügen spannt an. Und Spannung überträgt sich auf Gummi. Ein echter Lügendetektor, den du aus Filmen kennst, funktioniert im Grunde nach dem gleichen Prinzip, nur erheblich komplizierter. Aber wir haben ja nur eine ganz einfache Frage zu klären», lügt der blinde Justitia-Epigone, ohne rot zu werden. «Also, Egon, hast du Emilia zuerst geschlagen?»

Egon: «Nein, hab ich nicht, die hat angefangen.»

Jetzt lässt Sascha ganz langsam die Gummibandreserve aus der linken Hand zwischen Daumen und Zeigefinger herausgleiten. Von außen wirkt es wie Zauberei, als würde der Zettel durch magische Kräfte in Richtung Lüge gezogen. «Das ist eine Lüge», sagt Sascha.

«Ha, das stimmt, das Gerät funktioniert», jubelt Emilia.

«Menno, ja und, die hat mir ihre Spieldose nicht geben wollen.» Egon ist sauer.

«Moment, stimmt das mit der Spieldose, Emilia?» Emilia nickt. Sascha lässt das Gummiband los, fasst es unauffällig in der Mitte neu an, sodass der Zettel wieder in der Mitte liegt, und lässt jetzt aus der rechten Hand die Gummibandreserve nach links herausgleiten. Der Zettel driftet in Richtung Wahrheit. «Das ist die Wahrheit», bestätigt Sascha fröhlich. «Prima, hätten wir das geklärt.»

«Es ist nur», sagt Egon, «weil die Emilia immer alles geschenkt bekommt und ich nie was. Und nie will die mir was abgeben, das ist voll gemein.»

«Ja, ich kann deinen Zorn verstehen, aber das ist kein Grund, dafür jemanden zu schlagen», sagt Sascha. «Wir werden jetzt mal

gucken, ob das mit den Geschenken so stimmt. Aber in Zukunft, denk daran, kann ich immer herausfinden, ob du die Wahrheit sagst. Da ist es doch besser, überhaupt nicht zu lügen, oder?»
«Vielleicht. Weiß ich noch nicht», sagt Egon.

Also wirklich, wir müssen hier mal eines klarstellen: Kinder sind doch keine Verbrecher. Jedenfalls fünfjährige Kinder nicht. Das kann pädagogisch einfach nicht korrekt sein, was dieser Sascha da macht, das ... äh... Moment, jetzt haben wir es geschnallt: Darum steht es ja auch in diesem Buch.

Anmerkung:

Wir haben das mit dem Gummiband ausprobiert. Es funktioniert. Leider mussten wir die Erfahrung machen, dass Erwachsene diesem Gerät wenig Respekt entgegenbringen. Wenn man zum Beispiel den Partner nach dem Verbleib der Nussschokolade fragt oder auch weniger Wichtigem wie Fremdgehen, erntet man nur überhebliches Kopfschütteln und blödes Grinsen.

Hip-Hop-Schlampe

Ist es für eine Mutter beruhigend, wenn Worte wie «fuck» und «bitch» alle zehn Sekunden aus der Soundanlage ihres zwölfjährigen, Hip-Hop-verliebten Sohnes dröhnen? Nein, aber es muss sie auch nicht bis ins Muttermark erschüttern. So ist das eben mit den Generationen, denkt Vera, meine Oma hat sich damals noch über den «wilden Peter Kraus» aufgeregt. Vera geht es auch weniger um die Musik selbst, sondern darum, wie sich ihr Sohn benimmt, nachdem er diese Musik gehört hat. Sie kann es nicht beschwören, aber sie ist sich doch ziemlich sicher, dass früher kein Sohn, der gerade die Plattenspielernadel von seiner Peter-Kraus-Schallplatte genommen hatte, in die Küche stürmte und seine Mutter eine «alte bitch» nannte, wäre er von Peters Wildheit auch noch so angesteckt worden.

Wenn Vera auf YouTube die Videos von Dominiks Lieblings-Hip-Hoppern sieht, fragt sie sich, ob das dort zu sehende Frauenbild etwas mit dem Benehmen ihres Sohnes zu tun haben könnte. Unwahrscheinlich ist das nicht. Andererseits rekelten sich schon in den Achtzigern halbnackte Frauen auf Motorhauben. Und das auf ganz normalen Werbeplakaten unserer «seriösen» Autofirmen. Da kam ja auch kein Sohn auf die Idee, nur weil er gerade eine Frau im Bikini auf einem Ford Taunus gesehen hatte, seine Mutter eine «bitch» zu nennen. Sie dachten einfach nur: Geil, ich kriege diese Frau, wenn ich dieses Auto kaufe. Ganz normale Männergehirne also. Kurz: Auch wenn Veras Ursachenanalyse nicht umfassend ist, ist sie auf jeden Fall der Ansicht, dass die neuen Vorbilder ihres Sohnes eine Mitschuld tragen. Aber was machen Eltern, die gegen diese neuen Vorbilder der Kinder nicht ankommen?

Trick: Mother's Boy

Von Vera (37) und Bernd (39), beide Selbständige,
für ihren Sohn Dominik (12)

Sie rufen die neuen Vorbilder an. Ganz einfach. Gut, nicht für jeden, das ist klar, aber für den Freund von Veras Mann Bernd. Sein Freund ist Musikmanager und kennt einen von Dominiks Lieblingsrappern persönlich. Der ist noch nicht die ganz große Rappernummer, aber er gefällt Dominik extrem gut. «Waaas?

Echt?!», brüllt er dann auch, als Vera ihm erzählt, wer gleich mit ihm skypen will. Als es so weit ist, kann Vera sich nicht erinnern, dass ihr Sohn jemals so oft «Alter, geil, geil, Alter» gesagt hat. Etwas weniger oft kommt diese Wortkombination, als der Rapper, von seinem Musikmanager instruiert, darüber spricht, wie wichtig es sei, die eigene Mutter zu respektieren. Und dass man seine Mutter nicht mit einer «bitch» verwechseln dürfe, sonst sei man raus aus der Rapperszene. Für immer.

«Waaas? Echt?!»

«Ja, Alter, echt!»

«Dann ist man raus!»

«Voll raus, Alter, voll raus.»

«Hammer!»

«Ja, Hammer!»

Und dieser Hammer hat den Nagel auf den Kopf getroffen. Dominik behält sein Rappervokabular seitdem für sich, wenn er mit seiner Mutter spricht. Also, alles hip-hop-tip-top? Ja ... allerdings ...

An eine Sache erinnerte sich Dominik. Er fand es etwas seltsam, dass beim Skypen jemand aus dem Hintergrund rief: «Magst du Parmesan auf deine Nudeln, Spatz!?» Aber Dominik meinte: «Das war wohl seine Freundin, die für ihn kocht. Cool.» Um den Coolnessfaktor seines Vorbildes nach dieser gelungenen Aktion nicht gegen null sinken zu lassen, hat Vera ihrem Sohn nicht erzählt, dass die Frau, die da für sein Vorbild kochte, dessen Mutter war, bei der Mr. Cool noch immer wohnt. Und dass das vielleicht auch einer der Gründe sein könnte, warum er so brav über sie spricht. Denn wenn man den Informationen des Musikmanagers trauen darf, weiß die Mutter ganz gut, wie man mit einem Baseballschläger umgeht. Oder anders gesagt: Sie kam früher aus genau der Art von Ghetto, über das ihr Sohn heute so unterhaltsam wie erfahrungsarm rappt.

Blödes Beleidigen

Was können Eltern tun, wenn ihnen ihre Kinder einmal peinlich sind? Sie könnten sie verleugnen: «Hilfe, wer ist das? Ich kenne dieses Kind nicht! Gehört irgendjemand zu diesem Kind? Hallo?!» Ein teurer Spaß. Denn wer zahlt später die Therapiekosten? Sehr beliebt ist es, alles auf die Partnerin oder den Partner zu schieben: «Typisch, noch keine 18 und schon so schamlos mit dem Hintern wackeln, das hat sie von ihrem Vater!» Aber diese Karte kann man auch nicht immer spielen. Wer als leibliche Eltern sagt: «Ja, wir merken auch, dass die Kleine rumspinnt, aber Gott sei Dank ist das genetisch, das hat sie nicht von uns», erntet wohl eher fragende Blicke. Bleiben als übliche Verdächtige im Verantwortungsverschieben immer noch «die Schule» und «die Gesellschaft». Leider zieht auch das nicht jedes Mal. «Da kannste nichts machen, der ist halt so sozialisiert worden» hat eine Bekannte tatsächlich mal über deren Sohn gesagt. «Das ist fast so», meint Gregoria, «als würde ich sagen: Da kannste nichts machen, die ist halt so erzogen worden.»

Schon klar. Natürlich kann man Eltern nicht alles anlasten, aber sie kommen eben auch nicht an allem vorbei. Auch wenn sie es manchmal noch so gern möchten. So wie Gregoria bei ihrer neunjährigen Tochter.

Zum Beispiel, wenn Gregoria gemütlich mit ihren Freundinnen im Wohnzimmer sitzt und Marina hereinstolziert kommt und laut rumrüpelt: «Ey, Mensch, ey, wo ist mein Handy?»

«Weiß ich nicht.»

«Ahhh, du bist dumm, Mama. Echt, ey.»

Das macht Gregoria so richtig sauer: «Meine Mutter hätte mich windelweich geprügelt. Ich bin so lieb zu meiner Tochter, und das ist die Belohnung?» Ja, so ist das. Mutter zu sein ist manchmal echt beschissen. Ein harter, undankbarer, schlecht bezahlter, nervenaufreibender Drecksjob. Und wenn dir dann das Ziel deiner aufopferungsvollen Bemühungen, das Allerliebste, dein eigen Fleisch und Blut das Etikett «dumm» verpasst, bekommst du obendrauf von anderen noch gleich eins dazu: «versagt».

Dabei passt diese rotzfreche Ausdrucksweise überhaupt nicht zu Marinas süßem Gesicht. Der Kontakt mit ihr ist im Moment so: Du denkst, du würdest einen Chihuahua streicheln, aber ein Bullterrier reißt dir den Arm ab. Gregoria hat sie natürlich zur Seite genommen und mit ihr darüber gesprochen. Aber es scheint so, als sei Marina in einer Art Rollenspiel gefangen, wenn sie diese Beschimpfungen benutzt. Gregoria hat den Verdacht, dass es mit der Hauptfigur einer Comicserie zu tun hat, die Marina häufig schaut. Bis sie herausgefunden hat, was es ist, hat sie sich einen Trick überlegt, um ihrer Tochter die Wirkung ihrer Sprache deutlich zu machen.

Der Trick: Einfach dumm stellen

Von Gregoria (36), Fachverkäuferin, für ihre Tochter Marina (9)

Als Marina mal wieder herumschnauzt: «Du bist dumm, Mama!», sagt Gregoria in einem ruhigen Ton: «Ja, das bin ich. Ich wollte eben im Internet nachgucken, wie dumm ich eigentlich bin, aber das ging nicht.»

«Wie? Warum nicht?», fragt Marina.

«Weil ich dumm bin. Gerade habe ich unser WLAN-Passwort geändert und es sofort wieder vergessen. Tss, so dumm bin ich.»

«Hä?» Marinas Gesichtsausdruck ist noch nicht auf dem Level «kapiert» angekommen.

«Ach, mehr kommt von dir nicht?», fragt Gregoria erstaunt.

«Aber, Mama, wieso hast du das neue Passwort vergessen? Wieso hast du dir das nicht aufgeschrieben.»

«Weil ich dumm bin. Sagst du doch zu mir. Und wenn man dumm ist, kann man viele Sachen einfach nicht.»

«Aber ich will jetzt auch ins Internet, Menno!»

«Ja, das tut mir leid. Da hättest du dir eine schlauere Mutter suchen müssen. Ehrlich gesagt, war das nicht gerade schlau von dir, dir eine dumme Mutter zu suchen.»

«Hä? Ich will aber jetzt ins Internet!»

«Tja, so ist das Leben mit einer dummen Mutter. Gewöhn dich dran.»

Minuten vergehen. Marina kapiert nichts. Dann hellt sich ihr Gesicht auf, und sie fragt: «Ach, weil ich gesagt habe, dass du dumm bist?»

«Genauso ist es, du bist ein kluges Kind. Aber von wem hast du das nur?»

«Von dir, Mama!», jubelt Marina, eine Spur zu begeistert.

Marinas kluger Einsicht folgt eine Entschuldigung an die Mama. Gregoria meint, Marina sei dabei aufrichtig gewesen. Und ob man es glaubt oder nicht: Der «schlausten Mama der Welt» (total ehrlicher O-Ton Marinas – jaja ...) ist dann auch ganz plötzlich wieder das neue WLAN-Passwort eingefallen.

Zu laut!!!

«Sag mal, Dietmar, wie war das noch mit deinem Sohn und dem Lärm? Hast du nicht erzählt, dass er immer so laut Musik hört? Hallo? Dietmar? Hallo? HALLO?»

«JA? HALLO? IST DA JEMAND?»

«Ja. Wir sind's. Dietmar, wir wollten noch mal ...»

«HALLO?»

«Ja. Hallo, Dietmar, wir ...»

«HALLO? WER IST DA?»

«DIETMAR, WIR SIND'S, DIE AUTOREN! WIR RUFEN AN WEGEN DES TRICKS ...»

«BITTE?»

«WEGEN DES TRICKS, WEIL DEIN SOHN SO LAUT MUSIK HÖRT UND ...»

«TUT MIR LEID, ICH BIN FAST TAUB. WEIL MEIN SOHN IMMER SO LAUT MUSIK HÖRT.»

«JA, GENAU, DARUM GEHT ES. DAS HÄTTEN WIR GERN AUFGESCHRIEBEN.»

«JA, SICHER HAB ICH AUCH GESCHRIEN, ABER DAS NÜTZT NICHTS!»

«NEIN, GE-SCHRIE-BEN!»

«SAG ICH DOCH! DEM IST DAS EGAL.»

«NEIN, DIETMAR, WIR MEINEN ... ÄH ... DANKE! BIS BALD!!!»

So ähnlich lief unser Telefongespräch mit Dietmar. Er leidet unter dem Lärm seines Sohnes. Lärm, den dieser laut Dietmar mit dem dafür völlig ungeeigneten Begriff «Musik» beschreibt. Wie kriegt man einen Elfjährigen dazu, seine Stereoanlage leiser zu drehen? Und zwar ohne ihn dabei ständig anzuschreien?

Der Trick: Lärmschimmel

Von Dietmar (48), Lagerist, für seinen Sohn Frederik (11)

Dietmar blickt in Frederiks Zimmer auf die Tapete über dem Fenster. Diagnose: Schimmel. Grund: zu selten gelüftet. Frederik neigt wie viele angehende Teenager nicht nur dazu, Musik voll aufzudrehen. Er neigt auch dazu, sich ein behagliches Nest aus aromatischen Düften zu bauen, die er in seinen Schweißdrüsen fleißig züchtet und die eines nicht vertragen: Zugluft. Ein schwärzliches Schimmelband gibt nun beredt Auskunft über diesen feucht-dunstigen Duft. Und wie findet das Dietmar: gar nicht dufte. Er telefoniert seinen Kumpel Berthold herbei, Malermeister und Schimmelfachmann. Berthold ist, das müssen wir erwähnen, durch Dietmars stete Klage die Lärmliebhaberei Frederiks bekannt. Und um zu verstehen, was gleich passiert, müssen wir auch noch erwähnen, dass diese beiden Männer von den Älteren früher als «Lausbuben» bezeichnet wurden.

Berthold, in Fachwissen ausstrahlende Malermeistermontur gekleidet und mit Kompetenz ausstrahlendem Ruhrgebietsdialekt versehen, betritt zusammen mit Dietmar Frederiks Zimmer. Frederik sitzt auf dem Bett und blickt in sein Smartphone. Dietmar deutet auf den Schimmel über dem Fenster.

«Da oben, siehst du, Berthold, das ist der Schimmel. Was meinste?»

«Oha, oha, oha. Sieht verdammich noch mal gefährlich aus. Jungejungejunge, datt greift die Lunge an, datt is gesundheitsgefährdend.»

Beim Wort «gesundheitsgefährdend» blickt Frederik vom Smartphone auf.

«Und was meinst du, woher kommt das?», fragt Dietmar.

«Tja, datt is feucht wie ein Fischfurz hier drinne, datt muss gelüftet werden.»

«Siehste, Frederik, hab ich dir doch gesagt.»

«Ist ja gut, hab's kapiert, ich lüfte», meint Frederik sofort leicht genervt.

«Aber watte mal, Dietmar, feuchte Luft alleine is' nicht schlimm. Die muss sich auch irgendwo festsetzen können.» Berthold holt einen handelsüblichen Feuchtigkeitsmesser aus seinem Koffer und hält das Gerät auf den Schimmel.

«Ach du Scheiße, hab ich's mir doch gedacht. Datt ist Lärmschimmel.»

«Lärmschimmel?», fragt Dietmar mit gespieltem Erstaunen und versucht seine Mundwinkel unten zu halten.

«Lärmschimmel?», fragt Frederik überrascht.

«Na, Leute, ihr wisst doch», beginnt Berthold seine perfide Lügengeschichte, «wenn eine Sängerin einen hohen Ton gegen ein Glas singt, watt passiert dann? Na, Frederik?»

«Es zerplatzt?»

«Richtig. Bestimmte Schallgruppen führen zu Erosion im Mauerwerk. Datt gibt kleine Risse. Und da setzt sich dann die Feuchtigkeit rein. In eurer Wohngegend hier, datt sind allet Nachkriegshäuser. Und damals gab et viel Sand und wenig Zement. Die vertragen keine starke Beschallung. Also ... ach du lieber Gott!»

«Was ist?», fragt Frederik fast ängstlich.

«Datt zieht hier überall rein, wenn datt so weitergeht. Nee, Leute, wenn datt mit der Beschallung hier nicht aufhört, dann muss datt allet ab, die Wände kernsaniert ... 15 000 Euro kost' der Spass. Minimum.»

«Waaaas?» Dietmar macht einen auf entsetzt, Frederik große Augen und Berthold lustig weiter: «Also, Mädels, Vorschlach:

Ich mach datt über den Fenster wieder in Ordnung, datt wird allet restauriert, und der Rest wird ... retransi... äh ...fizieriert», phantasiert Berthold, ein Lachen unterdrückend, «und dann passt datt. Aber Bursche», Berthold schaut Frederik ernst an: «Lärmpegel auf 30 Dezibel begrenzen. Klaro, Meister?» Frederik hat immer noch die 15 000 Euro im Kopf und willigt heftig nickend ein: «Geht klar, total klar, kein Problem, okay!»

Seit diesem Tag hört Frederik seine Musik nur noch leicht über Zimmerlautstärke. Und wenn es lauter wird, blickt er meist etwas ängstlich auf die Wand. Wir haben bei diesem Trick die Zimmerlautstärke nicht eingehalten, so laut haben wir gelacht. Und der Begriff «Lärmschimmel» ist zu einem Running Gag geworden. Egal, was ein Handwerker oder ein Mechaniker zu uns sagt, heißt es von nun an nur noch: «Ja, oder is datt vielleicht Lärmschimmel?»

Leider kann man diesen Trick nicht verallgemeinern. Schließlich können lärmgeplagte Eltern nicht warten, bis sie Schimmel im Zimmer entdecken. Oder? Falsch gedacht. Denn Berthold meinte dazu augenzwinkernd: «Wieso geht datt nich für alle? Sicher geht datt. Ihr müsst doch gar nich auf Schimmel warten. Wisst ihr datt denn nich? Der unsichtbare Lärmschimmel, datt is doch der schlimmste!» Unsichtbarer Lärmschimmel? Aber natürlich! Mensch, man lernt doch nie aus. Danke, Berthold!

Faule
Früchtchen

«In dem Alter deines Sohnes, da musste ich jeden Morgen allein zur Schule gehen. Zu Fuß! Jeden Morgen drei Kilometer. Und zurück!», schimpft Karlas Vater, wenn er hört, dass sein Enkel die zwei Kilometer zum Fußballtraining am Rande der Stadt nicht mit dem Fahrrad fahren will, sondern lieber im Mamataxi sitzt. «Ja, Papa, ich weiß, ich weiß», stöhnt Karla. «Jeden Tag sechs Kilometer. Barfuß. Dein Ranzen wog 300 Kilo. Und immer lagen zwei Meter hoch Schnee. Auch im Sommer. Und immer ging es bergauf. Auf dem Hin- und auf dem Rückweg. Sonst noch was?»

Karla ärgert sich über ihren Vater. Aber noch mehr ärgert sie, dass er recht hat. Denn ihr 13-jähriger Sohn Marius könnte die paar Kilometer in die Stadt zum Training, zum Schlagzeugunterricht, zum Einkaufen, zum Kino usw. wirklich gut mit dem Fahrrad bewältigen. Stattdessen fordert er, jammernd und jaulend, dass Mutti ihn fährt. Bis sie schließlich klein beigibt, weil er sonst aus Trotz Training, Unterricht und andere Termine einfach sausenlässt. Das nervt. Und das kostet. Nicht nur Spritgeld. Denn Karla arbeitet zurzeit freiberuflich als Kulturmanagerin von zu Hause. Immer wenn sie Marius chauffiert, kann sie nicht arbeiten. Nur will das nicht in den Schädel dieses pubertierenden Faultiers. Was tun?

Der Trick: Total berechnend
Von Karla (38), Kulturmanagerin, für ihren Sohn Marius (13)

Karla rechnet mit ihrem Sohn ab. Und das wörtlich. Sie präsentiert ihm folgende Rechnung, die entsteht, wenn sie ihn einmal pro Woche die zwei Kilometer zum Training und einmal die drei Kilometer in die Stadt fährt. Also die Mindestrechnung:

Taxikosten Mama:

Verlorene Arbeitszeit	1 Stunde / Woche	52 Stunden / Jahr
Verdienstausfall	35 Euro / Woche	1820,00 Euro / Jahr
Autokosten/49 Cent pro km	10 km / Woche	254,80 Euro / Jahr
Gesamt:		**2074,80 Euro**

Die Autokosten sind die Mindestkosten eines Mittelklassewagens mit Spritverbrauch und Verschleißkosten.

Reicht es, einem 13-Jährigen eine solche Summe aufzuschreiben und ihm vor den Latz zu knallen? Nein, dazu braucht es auch noch eine ganz bestimmte Erziehungsmethode: Erpressung plus scheinbar freie Entscheidung.

Karla: «Das macht zusammen 2074,80 Euro pro Jahr. Verstehst du, was das heißt? Das ist ein Jahresurlaub. Wir können deinetwegen nicht in den Urlaub fahren. Sag das bitte deinen Freunden auf die Frage, wo du im Urlaub warst: ‹Ich hab mich stattdessen lieber von Mutti fahren lassen.› Was ist jetzt? Urlaub oder Taxi? Marius, es ist deine Entscheidung.»

Urlaub *oder* Taxi? Liebe Karla, kennst du denn den Song von Felix de Luxe «Mit einem Taxi nach Paris» nicht? Es geht doch beides. Nein? Nicht gut? Nicht sehr hilfreich? Okay, wir verstehen. Und was versteht Marius? Er würde sicher lieber mit seinen Freunden als mit seiner erpresserischen Mutti plus Restfamilie in den Urlaub fahren. Aber verzichten? Urlaub ist Status, und Status ist in der Pubertät überlebenswichtig. Darum sagt er schließlich: «Okay, Urlaub. Aber echt, ich brauch dringend Urlaub, bei dem ganzen Stress, den du machst, Mutti.»

Gut und gerne einen Monat lang hat der Trick funktioniert. Dann ist Marius eingefallen, dass seine Mutter und seine Restfamilie ja auch in den Urlaub wollen und ihn sicher niemals allein zu Hause lassen würden. «Hehe, von wegen. Die nimmt mich ja so oder so mit.» Tja, so sind die Kinder in der Pubertät, gemein bis in die letzten verpickelten Poren. Was nun? Zunächst einmal ist Karla einfach nur sauer. Und macht noch eine Rechnung auf: «Wegen dir und deiner Nerverei muss ich jetzt schon Massagen bekommen, weil ich vor Anspannung Nackenschmerzen habe. Das sind 50 Euro pro Woche, also 2600 Euro im Jahr. Wie viel Taschengeld bekommst du im Jahr? 360 Euro. Das heißt, du bekommst jetzt erst mal sieben Jahre lang kein Taschengeld. Und wenn du dann 20 bist, hat sich das mit dem Taschengeld hoffentlich sowieso erledigt. Also, Marius, sag ‹Tschüs, Taschengeld›.» Leider beeindruckt das den lieben Marius überhaupt nicht. Er hat schon längst geschnallt, dass Karla ihm das Taschengeld sowieso weiterzahlen wird, weil sie eine liebe Mutti ist. Und weil liebe Muttis harte Touren nie lange durchhalten. Tja, liebe Karlamutti, jetzt musst du deinen Sohn doch wieder überall hinfahren, oder?

Der Trick: Übertriebene Fürsorge

Von Karla (38), Kulturmanagerin, für ihren Sohn Marius (13)

Karla sagt: «Ja, das mach ich. Aber die Frage ist, *wie* ich das mache. Ich bin eine liebe Mutti. Und wenn mein Kleiner wie ein Kleinkind überall hingefahren werden will, dann behandele ich ihn auch wie ein Kleinkind. Total lieb eben.» Und so passiert es auch. Karla fährt Marius zum Fußballtraining. Als sie sicher ist, dass alle gucken, steigt sie mit aus und trägt ihm seine Tasche. Darauf springt einer seiner Kameraden sofort an: «Mutti muss ihm die Tasche tragen. Der ist ja drauf.»

Aber damit nicht genug. Wenn Karla ihn abholt, streicht sie ihm übers Haar und sagt: «War auch keiner gemein zu dir? Sonst knöpf ich ihn mir vor, Schätzchen.» Fährt sie ihn zum Kino, springt sie auch mit raus und drückt ihm vor versammelter Mannschaft einen dicken Kuss auf die Wange: «Mach's gut, Kleiner.»

Als Marius einmal von der hübschen Lena darauf angesprochen wird, ist ihm das ziemlich peinlich. «Ich weiß sowieso nicht, warum du nicht mit dem Fahrrad kommst», meint sie. Am nächsten Tag schnallt Marius sich seine Sporttasche auf den Gepäckträger und radelt zum Training. Karlas Trick hat funktioniert. Aber für sie kein Grund, nicht das Fenster aufzureißen und ihm laut hinterherzurufen: «Fahr vorsichtig, Schätzchen! Du fährst noch nicht lange ohne Stützräder!»

Anmerkung:

Ist es wieder einmal die gefühlte Ungerechtigkeit, die Eltern so reagieren lässt? Weil Eltern denken, sie fahren und fahren und fahren für die Kinder einmal bis zum Mond und wieder zurück und anschließend noch bis an den Arsch der Welt, und die Kinder machen gar nichts? Das ist nicht nur eine gefühlte Ungerechtigkeit. Das ist so. Aber zum Glück für die Gerechtigkeit werden nicht wenige Kinder ja auch Eltern, und so gleicht sich das dann irgendwann wieder aus.

Wie weit Eltern für ihre Kinder fahren

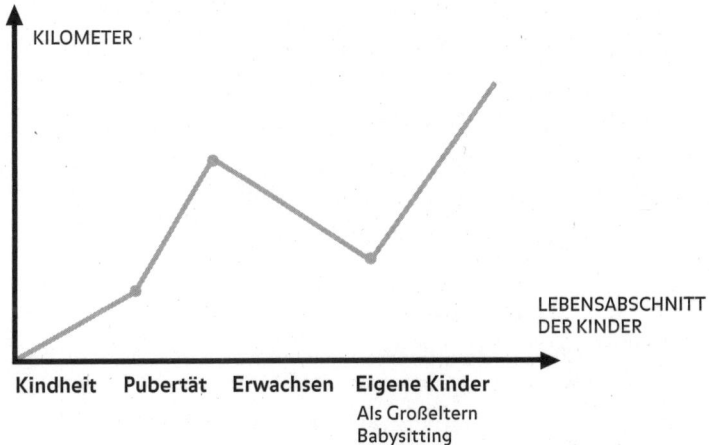

Wie weit Kinder für ihre Eltern fahren

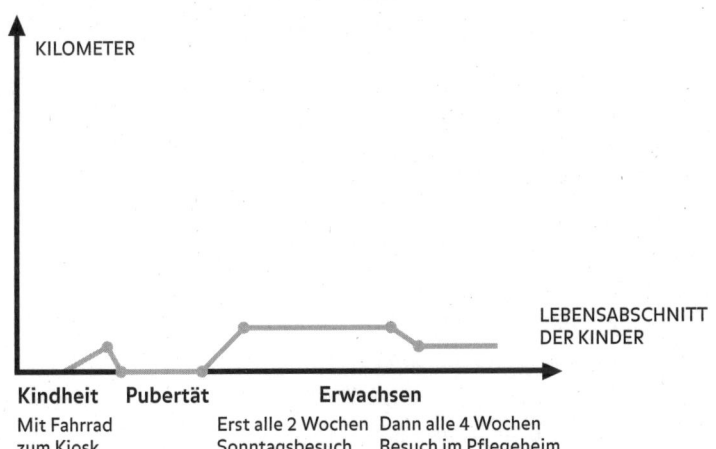

- «Tut uns leid, die Kantine hat geschlossen.»
- «Mittagstisch bei uns nur bis 15 Uhr.»
- «Wir dachten, Sie kommen nicht mehr. Die Reservierung ist gestrichen.»
- «Essen? Hier? Ja, hier war mal ein Restaurant. Vor drei Jahren.»

«Solche Sprüche wird sich Alina später mit Sicherheit jeden Tag anhören müssen, wenn sie so weitermacht», sagt Alinas Mutter Katja. Zwar findet das gemeinsame Abendessen mit ihrer neunjährigen Tochter und deren zwei Jahre jüngerem Bruder hin und wieder noch statt. Aber nur wenn Papa und Mama ihre Tochter abwechselnd alle fünf Sekunden rufen: «Alina, Essen. Alina, komm jetzt bitte. Alina, komm jetzt! Alina, wir sagen es nicht noch einmal! Alina, kommst du jetzt? Alina? Alinaaaa!» Und dann kommt die Kleine genervt angetrabt: «Was is'n los, ey?»

«Du sollst zum Essen kommen.»

«Ja, ich bin doch hier!»

Fehlt mittags der Papa als Rufunterstützer, reagiert Alina so gut wie gar nicht. Nicht auf gutes Zureden und nicht auf böses Zurufen. Hunger hat Alina schon, keine Frage. Aber eben dann, wenn *sie* Hunger hat. Keine Sekunde früher oder später. Sie sieht sich als das Zentralgestirn der Familie, um das alle kreisen müssen. Ihr kommt es gar nicht in den Sinn, sich anzupassen. Dreht sich etwa die Sonne um den Mond? Nein, Alina, aber es könnte sein, dass ein kleiner Mond die Schnauze voll hat von der ollen egozentrischen Sonne und dem Gestirn die Stirn bietet. Und dieser kleine Mond heißt Noah.

Der Trick: Der kleine Spuck

Von Noah (7), Grundschüler, für seine Schwester Alina (9)

Noah ist sieben und hat immer Hunger. Darum ist er auch der Erste, der am Tisch sitzt. Es nervt ihn gewaltig, wenn Alina in ihrem Zimmer hockt und er, so wie heute, auf seine Krabbensuppe starrt und nicht sofort loslöffeln darf, weil seine Mutter auf dem gemeinsamen Essen besteht und seine doofe Schwester nicht verhungern lassen will. «Jetzt komm endlich, lass gehn, ich hab Hunger!», ruft er. Für Alina erst mal nicht gerade ein respekteinflößender Vaterersatzrufer. Aber dann geschieht es, Noah ruft: «Wenn du nicht in einer Minute hier bist, dann spuck ich dir in die Suppe!» Gerade will seine Mutter ihn für sein ungehöriges Benehmen zurechtweisen, da kommt Alina angetrottet und schimpft: «Das machst du nicht, du kleiner Arsch!»

«Jawohl mach ich das, ich spuck dir in die Suppe!»

«Mama, hat der mir in die Suppe gespuckt?»

«Nein, Alina, hat er nicht, ich hab aufgepasst!»

«Aber Mama ist nicht immer da. Beim nächsten Mal, wenn du nicht kommst, dann spuck ich dir ins Essen.»

«Mamaaaaa!», brüllt Alina.

«Keine Sorge, das macht er doch nicht.»

«Doch, mach ich!»

«Mamaaaa!»

«Dann iss jetzt deine Suppe, und gut ist, Alina.»

Und so passiert es. Keine ausgeklügelte Pädagogik, sondern ein kleiner, frecher siebenjähriger Bengel schafft es, das Familienuniversum zurechtzurücken. Oder anders gesagt: Mit Ungeduld und Spucke, da fängt man manche Mucke (bzw. Alina).

Dem Schimmel so nah

Als Conny ihren elfjährigen Sohn Tom mal wieder ausschimpft, weil er tagelang Essen in seinem Zimmer verschimmeln lässt, meint er nur: «Ich weiß überhaupt nicht, was du hast, Mama. Wenn die nächste Zombieapokalypse kommt, bin *ich* wenigstens versorgt.» Dieser Satz macht Conny auf vielerlei Art zu schaffen. «Die *nächste* Zombieapokalypse»? Welche hat sie verpasst? «Bin *ich* wenigstens versorgt»? Denkt ihr Sohn also bei einer Zombieapokalypse nicht an seine Eltern? Und wie stellt sich ihr kleiner Apokalyptiker die Überlebensstrategie in seinem Zimmer vor? Etwa so? Mit dieser Schatzkarte für Lebensmittel?

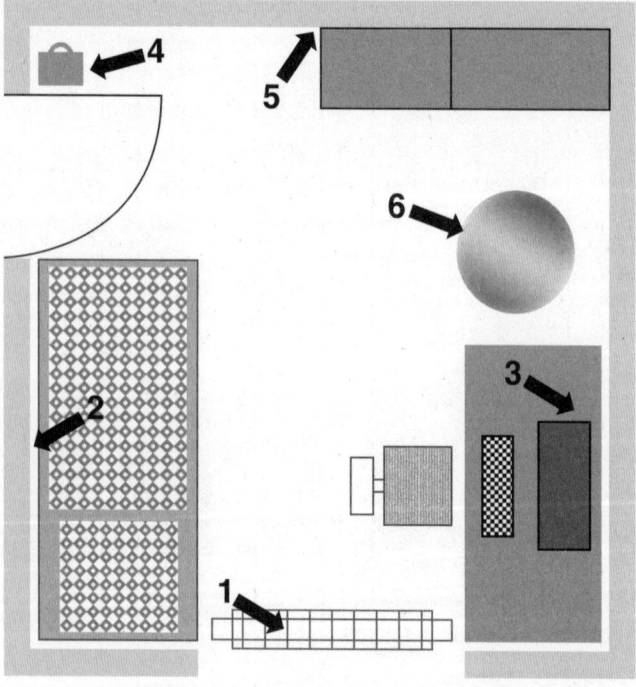

1. Hinter der Heizung

Ein Stück Salamipizza, das er vom Vortag übrig hatte und am nächsten Tag (leider kein Witz) auf die Heizung legte, um es aufzuwärmen. Das Stück rutschte hinter die Heizung und wurde dort von ihm vergessen, bis es anfing zu riechen.

2. Hinter dem Bett

Chips, Kekse, Salzstangen und anderer Knabberkram, den er immer wieder durch die Ritze zwischen Wand und Bett sickern lässt.

3. Hinter dem PC-Bildschirm

Ein Kaugummi, das er vor Monaten hinter den Bildschirm klebte.

Eine Lakritzschnecke, die er danach auf das Kaugummi klebte.

4. In der Schultasche

Das Käsebrötchen von vor drei Wochen. Belegt mit dem Käse, den er unbedingt haben wollte, weswegen Mama noch einmal in den Supermarkt zurückmusste.

5. Hinter dem Schrank

Eine Tafel Schokolade, die er auf dem Schrank verstecken wollte, die irgendwann hinter den Schrank gefallen ist.

6. Auf dem Tisch

Das Essen, das er sich aus der Küche mitnimmt und hier immer wieder tagelang liegenlässt:

- Halbvolle Müslischalen
- Teller mit Spaghetti
- Käsebrötchen
- Würstchen
- Bananen usw.

Mr. Survival sieht es überhaupt nicht ein, Lebensmittel aus der Küche auch wieder dorthin zurückzubringen. Und wir denken, na ja, vielleicht ist ja das Begutachten von verwesendem Essen für Tom auch Teil der Vorbereitung auf die bald anstürmenden Untoten. Aber Connys Ansicht über schimmeliges Essen ist deutlich: «Schimmel ist gefährlich für die Gesundheit. Du räumst das Essen weg!»

«Mensch, Mama», meint Tom, «Essen ist im Vergleich zu Zombies total ungefährlich. Was soll denn schon mit dem Essen passieren? Also reg dich ab.» So ein Satz regt Conny aber eher an. Und zwar zu einem Trick. Was soll schon passieren?, fragt ihr Sohn. Na, was könnte denn im schlimmsten Fall passieren?, fragt sie sich, als ihr einfällt, wie ihr hinterhältiger Mann ihr einmal einen Streich gespielt hatte. Marek ist Hobbyangler und hatte sie mit künstlichen Madenködern reingelegt.[5] Die sehen echt eklig und eklig echt aus.

Der Trick: Lasst Made vor Recht ergehen
Von Marek (45) und Conny (40), Mechatroniker und Kauffrau, für ihren Sohn Tom (11)

«Klar kannste ein paar Plastikmaden haben. Was willste denn angeln?», fragt Marek.

«Och, nur einen Zombieapokalyptiker», grinst Conny.

«Oh, das ist ein dicker Fisch, dafür suche ich dir am besten die superdicken Ekelmaden raus.»

«Ja, danke, und dich brauche ich auch dazu.»

---

5 Wer neugierig geworden ist, kann das in dem Buch *Du bist viel schöner, wenn ich recht habe* nachlesen.

«Das hört sich nach einem spannenden Anglertrip an, ich bin zu allem bereit.»

Am nächsten Samstag, neun Uhr morgens, geht's los. Tom liegt unschuldig schlummernd im Bett. Er schlummert, der Rest schimmelt. Das Käsebrötchen von vorgestern und das Müsli in der sauren Milch. Conny huscht leise ins Zimmer und drapiert flink ein paar Maden am Rand der Müslischale und auf dem Käsebrötchen und schleicht wieder hinaus. Eine Minute später steht sie wieder an Toms Zimmertür und ruft wie gewöhnlich: «Tommy, aufstehen, frühstücken.»

«Hmm, ja, komme gleich.» Conny hört, wie Tom aufsteht, klopft an und kommt mit ihrem schönsten Unschuldsgesicht herein: «Ach, hab ich vergessen, ich brauche noch das Geschirr von dir für das Frühstück und ... AHHHH! Was ist das? Iiiiih!» Tom blickt auf den Tisch, Maden, überall Maden: «Bääh, was sind das für Madenviecher? Voll eklig. Mach die weg, Mama!»

«Ich? Wieso ich? Das sind deine Maden!» Conny ruft Hilfe: «Marek! Maaarek! Herrgott, das musste ja mal passieren, wie oft hab ich gesagt, du sollst das Essen hier nicht so rumschimmeln lassen.» Und noch ehe Tom die Maden genauer untersuchen kann, stürmt wie abgesprochen Marek herein: «Maden? Ich hab etwas von Maden gehört? Wo sind Maden? Ohh, super, ich wusste nicht, dass du hier eine Zucht aufgebaut hast. Die nehme ich mit, den Fischen werden sie schmecken.» Marek nimmt Müsli und Käsebrötchen mit und zischt ab. Conny folgt ihm mit verstecktem Grinsen, schafft es aber im Rausgehen, doch noch einmal Tom ernsthaft anzugucken: «Siehste, was passiert, wenn du dein Essen nicht wegräumst. Vielleicht haben die es schon bis in dein Bett geschafft. Ich würde mich mal lieber duschen.»

Und das war's. Der Gedanke, unfreiwillig im Dschungelcamp zu wohnen und vielleicht mit Maden das Bett zu teilen, hat gereicht. Nie wieder hat Tom tagelang Lebensmittel im Zimmer herumliegen lassen. «Das ist auch gut so», meinte Conny später. «Schließlich kommen Maden noch früh genug, wenn man tot unter der Erde liegt. Und wenn einem das nicht passt, muss man eben als Zombie wieder raus aus'm Grab. Zombies sind also vielleicht auch nur Leute, die keine Maden mögen. Ich würde darum nicht gleich von einer Apokalypse reden, auf die man sich vorbereiten muss. Ganz im Gegenteil, wahrscheinlich wird Marek diese Zombieleute freundlich begrüßen und nach Maden für seine Angelbox absuchen.» Wir haben ja schon in einigen Filmen die Reaktionen von Menschen auf den Besuch von Zombies gesehen. Aber «Ah, da kommen die Angelköder» war bisher nicht dabei.

Lola pennt

Warum rasten Teenager aus, wenn jemand ihre Tagebücher liest? Bettina ist das ein Rätsel: «Ich habe noch keins gelesen, aber ich kann mir nicht vorstellen, dass in diesen Tagebüchern irgendetwas Interessantes steht. Bei dem, was die den ganzen Tag machen, ist ja selbst eine Raufasertapete spannender.»

Montag: Geschlafen
Dienstag: Gepennt
Mittwoch: Erst geschlafen, dann gepennt
Donnerstag: Nach Mittagsschlaf ins Bett, dann geratzt, dann gepennt

Freitag: Gepennt, geratzt, kurz eingeschlafen. Wochenende! Endlich Ausruhen!

Samstag: zzzZZZZZZZZ – zzzZZZZZZZZ – zzzZZZZZZZZ – zzz ZZZZZZZZZ

Sonntag: zzzZZZZZZZZZZZZZZZZZZZ ZZZZZZZZZZZZZZZZZZZZZZ ZZZZZZZZZZZZZZZZZZZZZZZZZZZZZZZZZZZZZZZZZZZZZZ ZZZZZZZZZZZZZZZZZZZZZZZZZZZZZZZZZZZZZZZZZZZZZZ ZZZZZZZZZZZZZZZZZZZZZZZZZZZZZZZZZZZZZZZZZZZ

Bettinas 15-jährige Tochter Laura ist auch so eine Teenie-Schlafmütze. Als Bettina mit ihr zusammen einmal den Film *Lola rennt* sah, meinte sie: «Na, mit dir würde der Film wohl ‹Lola pennt› heißen. Nicht gerade ein Action-Movie.» Am Wochenende kann Bettina das ja noch so eben tolerieren. Aber ihr Püppchen pennt seit neuestem auch in der Woche bis in die Puppen. Da hört der Spaß auf, weil Bettina keine Lust hat, alle paar Minuten in Lauras Zimmer zu rennen, um die Rolle der Wecker-Wiederholungstaste zu spielen. Die Prima Pennerina lässt sich nämlich nicht so leicht aus der Ruhe bringen. Und heute gibt sie überhaupt kein Lebenszeichen von sich.

Der Trick: Rüde versus müde

Von Bettina (47), Hausfrau, für ihre Tochter Laura (15)

Jeden Morgen geht Bettinas Nachbar Eckard mit seinem Bernhardiner Jockel Gassi. Jeden Morgen winken Bettina und Eckard einander zu, und manchmal halten sie ein kurzes Pläuschchen. Bettina mag Jockel sehr. Er ist ein absolut gutmütiger Hund, der sogar Kätzchen vor anderen Hunden beschützt. Er hat nur eine etwas eklige Angewohnheit, er schlabbert jedem mit seiner langen Zunge das Gesicht ab. Und damit qualifiziert sich Jockel Schlabberschnauze für einen ganz bestimmten Job.

«Guck mal, Jockel», ruft Bettina und deutet auf Lauras angelehnte Zimmertür. «Wer ist dadrin und wartet auf dich? Na? Na?» Und während Jockel zielstrebig in Lauras Zimmer trottet, schleicht sich Bettina wieder zurück und unterhält sich ganz unschuldig mit Eckard.

Keine zwei Sekunden später hat Jockel Schlabberschnauze zugeschlagen. «Ahhh, iiiiih, bääääh, iiihgiiiiiiit!» Mit einem Gesichtsausdruck zum Eierabschrecken rennt Laura aus ihrem Zimmer schnurstracks ins Bad. Unter weiteren «Iiiihs» und «Bäääähs» wäscht sie sich hektisch ihr Gesicht. Eine Reaktion, die Jockel mit einem freudigen Schwanzwedeln quittiert. «Na, Jockelchen», sagt Bettina in einem zuckersüßen Ton, den Hunde nur als freundlich interpretieren können, «das war aber gar nicht nett, was du da gemacht hast. Das war aber gar nicht nett.» Und schon schiebt Bettina Jockel unauffällig ein Stückchen Wurst ins Maul. Nachbar Eckard grinst sich eins: «Morgen gleiche Zeit, Bettina?»

«Morgen gleiche Zeit, Eckard.»

Nachtrag:

Ein schöner Trick. Und was macht man mit schönen Tricks? Man erzählt sie weiter. So wie Nachbar Eckard. Er erzählte die Geschichte mit Jockel und Laura seiner Frau. Leider hörte jemand im Zimmer nebenan zu, der nicht auf der Seite der Aufsteher, sondern auf der Seite der Liegenbleiber steht: Eckards Sohn Christian. Er ist ein Schulfreund von Laura und berichtete ihr von der Planung für Jockels Schlabberschnauzenangriff. Sofort heckten die beiden einen Plan aus, um es Lauras Mutter heimzuzahlen. Ausgerechnet für den Tag, an dem Lauras Vater beruflich unterwegs sein sollte und für den Bettina ankündigte, ohne ihren Frühaufstehermann mal so richtig ausschlafen zu wollen.

An diesem Tag stand nicht Eckard, sondern Christian mit Jockel an der Leine vor Bettinas Haus und wunderte sich, dass Laura ihm nicht wie abgesprochen die Tür aufmachte, um Jockel in Bettinas Zimmer zu lotsen. Stattdessen stand plötzlich Bettina vor ihm, die – das ist kein Einzelfall – nicht schlafen kann, wenn ihr Mann nicht zu Hause ist. «Ach, was für eine nette Überraschung, Christian», lächelte Bettina, während Jockel sich an ihr vorbeischlängelte und wie an der Leine gezogen in Lauras Zimmer hechelte. «Ahhh, iiiih, bäääääh, iiihgiiiiiit!», wieder rannte Laura von Jockel wach geschlabbert ins Bad, wieder kam Jockel schwanzwedelnd zu Bettina, und wieder steckte sie ihm ein Stückchen Wurst ins Maul.

Tja, so ist das mit den Racheplänen. An Laura und Christian geht der Rat: Lest euch mal die Zitate zum Thema Rache durch. Da steht: Rache ist süß – Rache ist ein Gericht, das am besten kalt serviert wird – Wer auf Rache aus ist, grabe zwei Gräber ... usw. Aber nirgends steht: Wenn zwei den Racheplan kennen, muss einer verpennen.

Der Fall Abfall

Wenn es darum geht, dass Kinder und Jugendliche ihr Zimmer aufräumen sollen, gibt es immer die gleichen Kommunikationsprobleme.

Kommunikation Aufräumen

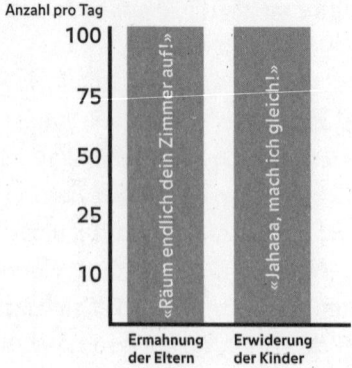

Anzahl pro Tag

100
75
50
25
10

«Räum endlich dein Zimmer auf!»

«Jahaaa, mach ich gleich!»

Ermahnung der Eltern Erwiderung der Kinder

Bedeutungsunterschied von «gleich» und «nie» bei Kindern und Jugendlichen

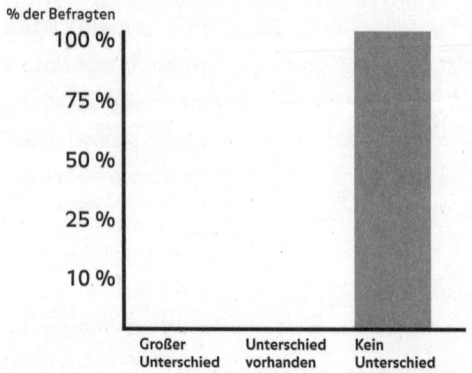

% der Befragten

100 %
75 %
50 %
25 %
10 %

Großer Unterschied Unterschied vorhanden Kein Unterschied

Der zwölfjährige Torben interpretiert das Konzept Ordnung eher menschheitsgeschichtlich. Die unteren Schichten in seinem Zimmer stammen noch aus der Steinzeit, die mittleren aus der Bronzezeit, und oben liegen T-Shirts, Hosen, Schuhe, Chipstüten, Elektronikverpackungen usw. aus der Jetztzeit. Ein wunderbarer

Fundort für Archäologen. Oder wie sein Vater Arnold sagt: «Eine Müllhalde.» Und was macht man dagegen?

Der Trick: Der Mann von der Müllzufuhr

Von Arnold (52), Facharbeiter, für seinen Sohn Torben (12)

Wir kennen das Phänomen vom Sperrmüll. Kaum stellt jemand etwas vor die Tür, kommt der Nachbar und stellt sein Zeug daneben. Egal ob angemeldet oder nicht. Wirft jemand Müll in den Wald, kann man sicher sein, dass über kurz oder lang dort eine wilde Müllkippe entsteht. Es scheint ein menschliches Bedürfnis zu sein, Dinge zu Dingen zu packen, die zueinander gehören. Als Arnold den Papiermüll aus der Küche in die blaue Tonne packen will, sieht er den Haufen von Kartonverpackungen verschiedener Internetkaufhäuser in Torbens Zimmer und stellt seinen Papiermüll einfach dazu. «Ey, wer hat mir da den Müll ins Zimmer gestellt?», fragt Torben. «Was für ein Zimmer?», fragt Arnold scheinheilig grinsend. «Ich dachte, das wäre die blaue Tonne. Weißt du, das kann man irgendwie nicht richtig unterscheiden. Ich packe Müll immer zu Müll.» Am nächsten Tag verschärft Arnold seinen Erziehungstrick und stellt neben die Plastikverpackungen der Elektronikartikel den gefüllten gelben Sack. Aber erst als er neben die Chipstüte in Torbens Zimmer eine Tüte mit duftendem Hausmüll stellt, gibt Torben schließlich auf und räumt endlich sein Zimmer auf. Aber nicht ohne eine kritische Äußerung: «Findest du nicht, dass du dich ein bisschen kindisch verhältst? Schließlich kann man über alles reden.» Eine Äußerung, die Arnold noch Wochen später zum Lachen brachte.

Ja, der Arnold. Das ist ja ein ganz sauberer und ordentlicher Mann. Ja? Ist er das? «Arnold war, bis wir zusammengezogen sind, ein Messi», sagt seine Frau Karen. «Der hat Kronkorken gesammelt, Bierdeckel und Radkappen, die er irgendwo gefunden hat. Also Müll. Und das lag überall herum. Entsetzlich.» Das heißt, um das richtig einzuordnen: Arnold war bis zu seinem 30. Lebensjahr das, was sein Sohn jetzt ist. Torben hat also noch 18 Jahre Zeit, um aufzuräumen. Wir denken, da liegt Torben gar nicht schlecht im Rennen.

Ein Leben lang zu spät

Diese Nacht würde Jo so schnell nicht vergessen. Das wurde ihm jetzt klar, als er zum tausendsten Mal auf die Zeiger der Wanduhr seiner Privatdetektei blickte. Dabei wollte er diese Nacht vergessen. Diese Nacht und vor allen Dingen diese Frau. Die beiden Zeiger vereinigten sich. Es war Mitternacht. Von dieser Frau war weit und breit nichts zu sehen. Acht Uhr war abgemacht. Jo spürte, wie die Kraft aus ihm wich, sich zum tausendsten Mal über diese Frau aufzuregen. Was bildete die sich eigentlich ein? Jo war Privatdetektiv. Und zwar nicht irgendeiner. Er war der beste. Er hatte es nicht nötig, auf Frauen zu warten. Er nicht.

Aber Jo, der eigentlich John heißt, hatte es nötig, in diesem Film mitzuspielen und den Privatdetektiv zu geben. Schließlich war John Schauspieler. Und nicht der schlechteste. Als Jimmy, sein Regisseur, ihm das Skript für diesen Neo-Film-Noir vorgelegt hatte, war John geradezu enthusiastisch gewesen. Das passierte ihm selten. Er hatte sogar einen halben Tag lang vergessen, sich zu betrinken. Ein Vierteljahr war das jetzt her. Jimmy wollte den Film unbedingt machen. Das oder gar nichts mehr im Leben, hatte er immer wieder gesagt. Und Jimmy wollte diese Frau. Die oder gar keine. So war Jimmy. So war er einfach. Aber diese Frau ist nie bei ihm aufgetaucht. Sie ist nicht mal zum Vorsprechen erschienen. Eigentlich kein Wunder, dachte Jimmy später. Hatte sie doch sogar die Abschlussprüfung der Schauspielschule verpasst.

Sein Kumpel Jack hatte ihm davon erzählt. Der coole Jack, seit drei Jahrzehnten leitete er jetzt schon die renommierteste Schauspielschule des Landes. Der coole Jack. Und wer hat es geschafft, dass der coole Jack uncool wurde und ausflippte? Dieses Mädchen. Sie ist nie da gewesen, meinte Jack. Nie. Eigentlich kein Wunder, dachte Jack später. Hatte sie doch nicht einmal das Abitur bestanden. Sie ist zu spät zur Abiturprüfung gekommen. Einen Monat zu spät.

Das hatte Jack eine Direktorin gesteckt. Eine mittelprächtige Pädagogin aus dem Mittleren Westen, die er mal bei einem BDSM-Workshop kennengelernt hatte. Hart im Nehmen, diese Direktorin. Aber dieses Mädchen hatte sie weichgekocht. Eigentlich kein Wunder, das mit dem Abitur, dachte die Direktorin später, war die Kleine doch so gut wie nie in der Schule. Die Direktorin konnte sich noch gut erin-

nern, wie die Mutter des Mädchens damals, als die
Kleine von der Grundschule auf ihre weiterführende
Schule wechselte, ausgesehen hatte. Diese Mutter,
dachte die Direktorin, diese Mutter hatte vom Warten
auf ihre Tochter mehr Sorgenfalten, als ein einziges
Muttergesicht vertragen kann. Und da war die Kleine
erst zehn. Völlig kaputt hatte die Mutter vor ihr
gesessen. Völlig erledigt. Ich sehe diese Mutter
noch ganz deutlich vor mir, sagte die Direktorin,
wie sie mit letzter Kraft ausrief: "Das alles, das
alles muss aufgeschrieben werden. Als Warnung!"

Der Trick: Noch mal von vorn

Von Brigitte (43), Ärztin, für ihre Tochter Inga (10)

Wird die zehnjährige Inga in Zukunft die Direktorin, Jack,
Jimmy, John (und Jo) enttäuschen? Und vor allem: Wird sie
ihre Mutter mit ihren Verspätungen in den Wahnsinn treiben?
Nein, Gott sei Dank nicht. Denn Brigitte hat es geschafft, ihrer
zehnjährigen Tochter klarzumachen, dass es nicht in Ordnung
ist, sich mit der Freundin zu treffen und dabei an alles zu denken,
aber nicht an die Uhrzeit. Und das zum wievielten Mal? Brigitte
hat aufgehört zu zählen.

Als Inga zwei Stunden zu spät nach Hause kommt und ihr Zimmer betritt, findet sie es nicht wie gewohnt vor. Ihr Laptop ist
weg, ihr Tablet ist weg, DVDs sind weg, alles, was auch nur im
Entferntesten zur Unterhaltung und Ablenkung dient, ist weg.
Inga guckt ungläubig im Zimmer herum: «Was ist los? Wo sind
meine Sachen?»

«Die habe ich weggeräumt, Mäuschen. Ich habe einfach gemerkt, dass dich die vielen Sachen ablenken, dich überlasten.»

«Wieso überlasten? Was bedeutet das, Mama?»

«Ich habe gemerkt, dass du dich zurückentwickelt hast. Dir sind bestimmte Fähigkeiten abhandengekommen. Und ich denke, es ist das Beste, noch einmal ganz von vorn anzufangen.»

«Wie? Was? Was denn für Fähigkeiten?»

«Die Uhr zu lesen, Mäuschen. Und darum ...» Brigitte zieht ein altes Kinderbuch hervor, mit dem Inga damals «die Uhr» gelernt hat.

«Hier, Mäuschen. Jetzt kannst du noch einmal die Uhr lernen. Und wenn du mir bewiesen hast, dass du die Uhr wieder lesen kannst, dann kommen deine anderen Sachen ganz automatisch wieder zu dir zurück. Toll, oder? Ich wünsche dir viel Spaß beim Lernen.» Und mit diesen Worten legt Brigitte das Kinderbuch auf Ingas Schreibtisch und geht.

Natürlich hat Inga sofort angefangen zu schimpfen und herumzumäkeln. Daraufhin hat Brigitte ihr liebevoll Unterstützung zugesagt, sich das Buch geschnappt und wie früher mit ihr geübt: «Sieh mal, hier ist der große Zeiger auf der Zwölf. Der kleine Zeiger steht auf der Acht. Wie viel Uhr ist es? Na, Mäuschen?»

Inga hat geschnallt, dass ihre Mutter das Spiel freundlich, aber bestimmt durchziehen wird. Und siehe da, beim nächsten Mal war Inga, nachdem sie ihre Freundin besucht hatte, wieder pünktlich zurück und rief, als sie hereinkam, leicht ironisch und genervt: «Es ist neunzehn Uhr dreißig! Bin ich gut?» Worauf Brigitte mit überzogen gespieltem Stolz reagierte: «Ja, Mäuschen! Du bist supergut! Ich wusste, du kannst es!»

Schlaf der Ungerechten

Wenn Pubertierende den ganzen Tag verschlafen, dann kann das bei manchen Eltern auch so ankommen wie: «Seht ihr, was ich mit meinem Leben mache? Seht ihr das? Mutti brachte mich unter Schmerzen zur Welt. Ihr rackert euch für meine ganzen noch so absurden Konsumwünsche ab. Ihr habt alles getan, damit mein Leben super wird. Und jetzt? Jetzt verschlafe ich es! Ich verschlafe mein Leben! Warum? Warum ich das tue? Ist mir doch egal! Haha! Na, wie gefällt euch das? Hahahaha!»

«Ihr habt alles getan, damit mein Leben super wird.» Das kann Jannik so nicht unterschreiben. Er kann zwar so ziemlich tun und lassen, was er will, aber eben nur so ziemlich. So wie heute. Es ist Samstag und er muss mit seiner Mutter einkaufen gehen. Mitten in der Nacht. Also um 11:30 Uhr. 11:30 Uhr aufstehen, das ist es also, was die Leute den Ernst des Lebens nennen, denkt Jannik. So etwas kann einem das Leben total versauen. Nö, nicht mit mir, denkt er, und schläft weiter.

«Hey, Karin, um ihn zu wecken, würde ich ihm so gern mal einen Eimer Wasser ins Gesicht schütten. Darf ich? Das ist total lustig!» Janniks Vater Stephan ist im Gegensatz zu Jannik morgens meistens schon so gut drauf, als würde er sich die Zähne mit Koks putzen.

«Nein, Stephan, das Kind wird traumatisiert.»

«Ach, was, niemals. Der ist viel zu faul, um sich traumatisieren zu lassen. Der ist doch ...» Stephan stockt, er schaut auf seine Frau: «Was machst du da?» Karin fängt gerade mit einem ungefähr 20 Zentimeter langen Plastikgerät (sieht ungefähr so aus wie die Zeichnung) eine kleine Spinne ein.

«Was ist das?»

«Das ist ein Insektenfänger, hat mir Andrea geschenkt. Voll super. Einfach auf die Spinne draufhalten und einfangen. Hier, man macht die Tiere nicht mehr tot, man fängt sie. Guck!» Karin betätigt den Schieberegler, und ein dünner Kunststoffboden unter der Kammer zieht sich zurück, die Spinne ist frei und läuft davon.»

«Was machst du?» Stephan springt ängstlich zurück.

«Ey, du hast ja mehr Angst vor Spinnen als Jannik. Hier, ich fang sie wieder ein.»

Und schon stülpt Karin die Kammer über die Spinne und verschließt sie wieder. Sie hält die Spinne in der durchsichtigen Kammer vor Stephans Gesicht, der sich schnell beruhigt. «Na ja, gefangen sieht sie eigentlich ganz friedlich aus, nur wenn sie schnell krabbeln, schreck ich auf. Sicher, ich habe nicht so viel Angst davor wie Jannik, aber .... oh, Moment, das ist es!»

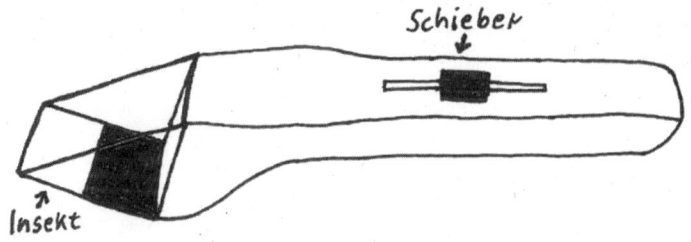

Der Trick: Ich glaub, ich spinne

Von Stephan (43) und Karin (39), Verkäufer und Ergotherapeutin,
für ihren Sohn Jannik (14)

Die beiden schleichen sich in Janniks Zimmer. Karin lässt die Spinne an der Wand frei, wo sie sofort loskrabbelt. Dann schleicht sich Karin wieder hinaus. Stephan tut so, als ob er gerade ins Zimmer gekommen wäre und schreit los: «Karin! Kaaarin! Da ist eine Spinne. Schnell!»

«Spinne? Spinne? Was?» Jannik wird wach und schreckt hoch. «Ey, mach das Ding da weg.»

«Na, du bist gut, du weißt doch, wie ich Spinnen hasse», sagt Stephan. «Ich gucke ja nicht mal Spiderman.»

«Papa, jetzt hau drauf, mach sie kaputt!»

«Nein, die Wand hab ich erst vor drei Monaten gestrichen, das gibt Flecken.»

Da kommt Karin mit dem Insektenfänger herein.

«Keine Panik, Jungs, Monsterjägermutti kommt.» Karin fängt die kleine Spinne wieder ein und hält sie vor Janniks Gesicht.

«Guck mal, ist die nicht süß? Und die ist hellwach und voller Energie.»

«Bäh, tu weg das Ding.»

Aber Karin denkt nicht daran, sie fuchtelt lachend weiter damit herum.

«Jaja, mach ich ja, aber guck mal, wie sie krabbelt. Ob die mir wohl gleich die Wasserkisten beim Einkauf trägt, was meinst du?»

«Was soll das jetzt?»

«Ich müsste das mal ausprobieren, wenn ich die freilasse, vielleicht hilft die mir ja so, wie Spiderman hilfsbedürftigen Frauen hilft.»

«Nein, lass die dadrin, tu die weg. Ich hab's kapiert. Ich helfe dir gleich Wasserkisten tragen.»

«Ah, echt? Was für eine phantastische Idee von dir!», grinst Karin und stolziert mit der Spinne im Fänger aus dem Zimmer. «Ich habe einen Helden geboren! Einen Helden!»

Was für eine brutale Erpressung, oder? Wie kann man nur so gemein sein? Das sind berechtigte Fragen, finden wir. Aber nur von Menschen, die keine Teenager zu Hause im Bett herumliegen haben. Wir haben nämlich auch mit Eltern gesprochen, die ganz andere Tiere auswählen würden, um ihren Nachwuchs mal wieder tagsüber lebend zu sehen. «Es ist ja am Wochenende so, als ob man einen Vampir zu Gast hätte», meint Helmuth. «Da würde ich unserem Sohn gern mal eine Fledermaus ins Bett stecken, die ihm in den Hintern beißt.» So betrachtet sind unsere beiden hier doch nur halb so versponnen, wie wir zunächst dachten.

Trödeln

Kinder und Eltern empfinden Zeit unterschiedlich. Um Missverständnisse zu umschiffen, wäre es hilfreich, nicht nur die tatsächliche, sondern auch die von ihnen gefühlte Zeit ablesen zu können. Wie bei der Temperatur, wo die Meteorologen neben der tatsächlichen mittlerweile auch die gefühlte Temperatur anbieten. Wenn zum Beispiel die Eltern mit der Tochter um 11:00 Uhr zum Geburtstagsbrunch bei der Großmutter geladen sind – einer Großmutter, die Pünktlichkeit groß schreibt, größer als die Schrift HOLLYWOOD in den Hollywood Hills – und Mama und Papa vor dem Haus um 10:45 Uhr abfahrbereit im Auto sitzen, ist es für diese beiden gefühlt schon 11:05 Uhr. Für ihre neunjährige Tochter ist es gefühlt aber gerade erst 9:00 Uhr. Während der Puls von Markus und Vera im Auto in den dreistelligen Bercich springt, fällt Lottas Blick, als sie sich in ihrem Zimmer die Schuhe zubindet, auf ihre Schneekugel. Sie steht auf und schüttelt sie. Da schneit es jetzt und hier nicht, denkt Lotta. Sonst müsste ich mir ja auch Stiefel anziehen und keine Schuhe. Obwohl, Reitstiefel kann man auch im Sommer anziehen. Also kommt es auf die Stiefel an. Gedankenverloren steht Lotta vor ihrem Pferdeposter und bewundert den Galopp der Rappen. Da hört sie von weit, weit her eine Stimme, die ihren Namen ruft: «Looottaaa!» Lotta kennt diese Stimme und diesen Namen. Sie ruft zurück: «Jaaahaaa!» Allerdings ohne diese Antwort mit einer Aktivität zu verknüpfen, die das Verlassen des Hauses beschleunigen könnte. Auf dem Pferdeposter, denkt Lotta, ist eine wunderbar grüne Wiese zu sehen. Das Grün ist noch schöner als das von meiner grünen Hose. Sollte ich nicht lieber meine grüne Hose anziehen und nicht die blaue, die ich jetzt anhabe? Lotta durchsucht ihren Wäscheschrank, da wird sie unsanft an der Schulter berührt. «Lotta, was machst du da? Ich dachte, du wärst schon längst fertig. Wir müssen los! Zieh endlich deine Schuhe an!»

«Aber ich will die grüne Hose anziehen!»

«Spinnst du jetzt? Komm, mach hin!»

Und Lotta macht hin. Ziemlich genervt. Denn auf ihrer Uhr ist es gerade erst 9:01 Uhr.

Das Trödeln, ein aus der Mode gekommener Zeitvertreib. So wie das verträumte Gucken. Sympathische Tätigkeiten, die gegen so erwachsene Dinge wie das Pünktlichsein leider allzu oft verlieren. Ja, so kann man denken. Wenn es nicht um das ständige Trödeln ginge. Denn Lotta trödelt andauernd. Und Markus möchte nicht, dass Trödeln zur hervorstechendsten Charaktereigenschaft seiner Tochter wird. Eine Tochter, die das Trödeln bei anderen überhaupt nicht ausstehen kann. Dann wird sie regelrecht patzig. Dieser Gegensatz stört Markus am meisten.

Der Trick: Trödelndes Taschengeld

Von Markus (41), Elektroniker, für seine Tochter Lotta (9)

Taschengeld gibt's immer pünktlich am ersten Samstag im Monat. Lotta wartet schon seit gefühlt einer Stunde auf ihren Papa und das Geld. Sie will sich mit ihrer Freundin Bea treffen. Im Supermarkt ist eine Mädchen-Überraschungstüte im Angebot (was immer das ist). Markus zahlt auch pünktlich. Aber er zahlt seiner Tochter dieses Mal das Taschengeld nicht in Scheinen aus. Er hat eine Tüte mit Kleingeld gefunden und überreicht ihr das Taschengeld in Ein-, Zwei-, Fünf- und Zehncentmünzen. Langsam, ganz langsam zählt er das Geld ab. «Das ist voll blöde, Papa, was soll das?» «Da siehst du mal, was passiert, wenn du auf etwas wartest. Wir warten auch immer auf dich.» «Boahhhhh!», ruft Lotta und wieselt unruhig hin und her. Markus verbindet inzwischen das Zählen der Münzen mit der Aufzählung von Lottas Verspätungen: «Wir mussten auf dich warten, als wir zur Oma gefahren sind ... fünfundzwanzig Cent ... wir haben auf dich gewartet, als wir zum Einkaufen gefahren sind ... siebenundzwanzig Cent ... du bist zu spät zum Turnen gefahren ... dreißig Cent ...»

«Menno, wie lange dauert das noch? Ich will zum Supermarkt!»

«Ach, wie teuer ist denn das, was du kaufen willst?»

«4,99 Euro.»

«Okay, dann kann ich ja erst mal bis zu dieser Summe auszahlen. Machen wir weiter: Du bist zu spät gekommen, als wir zum Arzt mussten ... fünfunddreißig Cent...du hast auf dich warten lassen, als wir zum Schulfest wollten ... vierzig Cent ...»

«Boahhhhh!», ruft Lotta.

Nach einer knappen halben Stunde kann Lotta endlich mit ihrer Freundin loslaufen. Im Supermarkt beschwert sich jetzt die Kassiererin, als Lotta das ganze Kleingeld auf das Band legt, während sich hinter ihr eine Schlange bildet. «Meine Güte, wer hat dir das denn gegeben?»

«Mein Papa. Weil ich immer so viel trödele. Tschüs!»

«Moment, du kannst erst gehen, wenn ich das alles gezählt habe. Also ... ein Cent, zwei Cent, fünf Cent, sieben Cent, zehn Cent ...»

«Boahhhhh!», ruft Lotta.

Ach ja, Markus, eine Frage haben wir noch: Ist das Trödeln bei Lotta einfach so aufgetaucht, ohne irgendeine Verbindung, oder glaubst du, es könnte vielleicht genetisch bedingt sein? Markus flüstert uns leise, sehr, sehr leise zu:

«Das hat sie von ihrer Mutter.»

Wir haben zu diesem Thema noch eine ganz andere Meinung gehört, und zwar von Veras Freundin Antonia. Sie meint, man solle Kinder nicht bedrängen, denn das zerstöre ihre Empfindsamkeit. Antonia ist sich sicher: Man soll Kinder einfach trödeln lassen und so lange warten, bis die Kinder schließlich einsichtig sind und von selbst kommen. Das hier ist Antonia.

Faule Früchtchen

Kinderarbeit

Wir sind bei Armin zu Besuch, als er beim Thema Helfen im Haushalt plötzlich loslegt: «Das ist doch heute nicht mehr normal. Normal ist das jedenfalls nicht. Wirklich nicht!»

Ja, Armin, ganz ruhig, was denn?

«Ich war noch im Kindergarten, da musste ich schon auf dem Bauernhof meiner Eltern helfen. Hat es mir geschadet?»

Na ja, ein bisschen krumm im Kreuz siehst du schon aus, wenn wir ehrlich sind. «Früher war es ganz normal, dass Kinder den Eltern helfen. Heute, und das ist wirklich passiert, da wollte mein Sohn ‹Kohle sehn›, wie er sagt, ‹Kohle sehn›, weil er seinen Teller vom Tisch abräumen sollte. SEINEN TELLER!!!»

Ruhig, gaaanz ruuhiiig, Armin, alles wird gut. Bist du fertig? Nein, Armin hat noch eine Zukunftsvision für seinen Zwölfjährigen parat.

«Von mir hat er das jedenfalls nicht. Ich weiß nicht, woher er diese Gene hat. Wenn er seine Faulheit aber weitervererbt, wird sein Enkel mal erzählen: ‹Mensch, mein Großvater, Wahnsinn, der musste sich mit 15 schon selbständig den Arsch abwischen. Das waren harte Zeiten damals! Heute unvorstellbar.›»

Sehr anschaulich beschrieben, Armin, das ist mal sicher. Aber ist das nicht etwas übertrieben? Vergisst Armin dabei nicht, dass die Schule heute einen größeren Raum einnimmt? Und dass die Kinder gestresst sind durch die vielen Termine wie Klavier- und Tennisunterricht oder Buschtrommel- und Slackline-Kurs? Das würden wir seinem Sohn Oskar gern zugutehalten, bis Armin uns erzählt: «Da hat der mal im Bett gelegen und gebrüllt: ‹Mama! Maaamaaa!›, mit zwölf Jahren, ‹Maaamaaa!›, und dann ist die Lisa zu ihm hin. Und als sie im Zimmer war, da sagte der Kleine: ‹Machste mal das Licht aus, ich hab keine Lust aufzustehen.› Da macht die Lisa dem das Licht aus und geht wieder. Unfassbar! Der treibt Spielchen mit seiner gutmütigen Mutter.»

Ganz konkret geht es Armin beim Thema Arbeit jetzt aber um das Rasenmähen. Genauer gesagt um ein handtuchgroßes Stück Grünfläche, für das Armin mit dem Rasenmäher inklusive Bierpause zehn Minuten veranschlagt. «Zehn Minuten! Aber wenn mein Herr Sohn das macht, beklagt er sich für zehn Minuten Arbeit anschließend zehn Stunden lang. Neulich hat er mich danach vorwurfsvoll angeschaut und hat gesagt: ‹Ich habe geschwitzt.›» Armin schüttelt den Kopf und lacht: «Ich habe geschwitzt! Wenn ich das meinem Vater erzählt hätte, aber früher, na ja, früher, da ...»

Wir haben mal versucht, Armins Ansichten zu veranschaulichen. Warum das Schaubild dann so geraten ist, muss wohl mit seiner Beschreibung vom Muttersöhnchen zu tun haben.

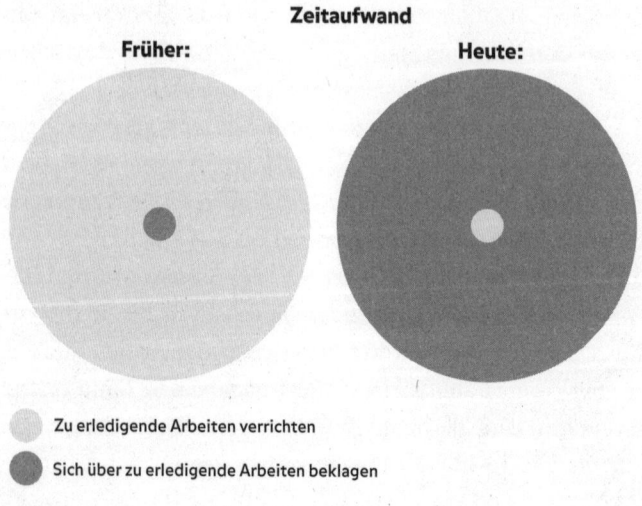

Zeitaufwand

Früher:

Heute:

○ Zu erledigende Arbeiten verrichten

● Sich über zu erledigende Arbeiten beklagen

Faule Früchtchen

Der Trick: Gelinkt und gezinkt

Von Armin (48), IT-Experte, für seinen Sohn Oskar (12)

Wenn Oskar mit seiner Mutter Spielchen spielt, spiele ich auch welche mit ihm, denkt sich Armin. Sein Sohn ist nicht nur ein begeisterter Computerzocker, sondern mag genauso wie sein Vater die klassischen Würfelspiele. Armin erinnert sich an das Geschenk eines Arbeitskollegen, der von Armins Spielleidenschaft gehört und ihm zum Geburtstag ein paar Würfel geschenkt hat. Einer davon ist gezinkt. Er würfelt immer eine 6. Voller Vorfreude kramt Armin die Würfel im Keller aus einer Kiste und lädt seinen Sohn zu einer Partie «Hohe Hausnummer» ein. Ein Würfelspiel, bei dem jeder Spieler dreimal würfelt und direkt nach jedem Wurf entscheiden muss, an welchem Platz bei einer dreistelligen Hausnummer die gewürfelte Zahl stehen soll. Vorne als Hunderter, in der Mitte als Zehner, oder hinten als einstellige Zahl. Weil die höchste Hausnummer gewinnt, ist es sinnvoll, vorne diejenige Zahl hinzupacken, die nach Meinung des Spielers die höchste von drei Würfen sein wird. Würfelt er zum Beispiel eine 4 und glaubt, noch eine 6 zu würfeln, stellt er die 4 vielleicht in die Mitte. Würfelt er dann aber nur eine 2, stehen seine Chancen erheblich schlechter zu gewinnen.

«Ich mache dir einen Vorschlag, mein Freund», sagt Armin. «Wir würfeln ein einziges Mal Hohe Hausnummer. Wenn du gewinnst, mähe ich den Rasen, ohne zu meckern. Aber wenn ich gewinne, mähst du den Rasen. Auch ohne zu meckern. Auch wenn du schwitzt. Einverstanden?» Oskar überlegt noch, aber die Aussicht, seinen Vater zu schlagen und ihn anschließend beim Rasenmähen verspotten zu können, reizt ihn ungemein. Er schlägt ein.

Oskar fängt an. Er würfelt eine 5. «Erste Stelle», sagt er. «Du bist so gut wie tot, Papa.» Dann würfelt er eine 2. «Dritte Stelle.» Und dann eine 6. «Ahh, verdammt. Das hätte dich ausgeknockt.»

«562, das ist eine ordentliche Hausnummer. Respekt», sagt Armin und nimmt die Würfel. Er würfelt eine 3 und sagt: «Dritte Stelle.» Dann würfelt er eine 5. Oskar guckt verblüfft. «Gut, Papa, aber wenn du mich schlagen willst, musst du aufs Ganze gehen, ich hab ja eine 6 an zweiter Stelle.»

«Das mache ich. Die 5 geht an die zweite Stelle. Was macht deine Mama denn da?» Oskar blickt sich um. «Was denn?» Armin vertauscht rasch die Würfel.

«Ach nichts, ich dachte schon, sie würde jetzt anfangen den Rasen zu mähen, weil sich bei uns nichts tut. Okay, so, jetzt der letzte Wurf. Ah, haha, eine 6! Was für eine Überraschung. Super! 653! Na, wenn das kein harter Kampf war.»

«Gibt's ja nicht. Los, noch einmal», fordert Oskar.

«Nein. Abgemacht ist abgemacht. Spielschulden sind Ehrenschulden. Also, mein Freund. Ab geht's.» Und so trottet Oskar los und mäht den Rasen. Ohne zu meckern. «Was für ein schöner Start ins Wochenende», sagt Armin. «Das hab ich mir ehrlich verdient.»

Anmerkung:

Als wir Armin wieder verlassen, können wir uns nicht sofort darauf einigen, welchen Charakterzug wir menschlicher finden: den Fleiß des Sohnes oder die Ehrlichkeit des Vaters.

Wo ist mein ...?

«Ordnung ist das halbe Leben», sagt die Mutter. «Dann lebe ich eben in der anderen Hälfte», sagt der Sohn. Wenn Kinder so schlagfertig sind, wie man es selbst gerne wäre, mischt sich Missvergnügen in den Stolz. Vor allem wenn die Schlagfertigkeit nur als Schutzschild für die eigene Faulheit benutzt wird, sich nicht selbst um seine Sachen zu kümmern. Da kann die Mama so nach und nach schon mal ungehalten werden.

«Mama, wo sind meine Schuhe?»

«Im Schuhschrank.»

«Mama, wo sind meine Socken?»

«In der Sockenschublade.»

«Mama, wo sind meine Schlüssel?»

«In der Schlüsselschale.»

«Mama, wo ist das Eis?»

«Das Eis ist im Backofen, wo es hingehört. Und wo ist der Backofen? Der steht im Garten, wo er hingehört. Und wo ist der Garten? Im Keller. Neben der Gartenschere, die beiden kuscheln. Also, bitte, geh in den Keller, da findest du dein Eis!»

Junge, Junge, die Frau hat Zunder. Aber sie ist nicht die einzige Mutter, der das dauernde unüberlegte Gefrage der Kinder auf die Nerven geht. Ob sie ihrem Sohn das mit dem Fragen nicht mal erklärt habe, wollen wir wissen. Wir ernten Kopfschütteln. Nein? Aha, hat sie nicht, denken wir. Na, da tut sich doch mal eine ordentliche Erziehungslücke auf, schließlich heißt es doch immer, man könne Kindern alles erklären. Woraufhin sie meint, sie habe den Kopf geschüttelt über eine so unglaublich dumme Frage von uns. Denn natürlich habe sie ihm das zigmal erklärt, aber es ändert sich nichts. Gar nichts.

Der Trick: Das kiffende Navi

Von Nadine (42), Verkäuferin, für ihren Sohn Yannick (12)

«Wo ist mein weißes T-Shirt?», fragt Yannik mal wieder. Nadine antwortet prompt: «Über den großen Auenwäschefummel musst du ziehn, den turmhohen Stein von Erech am Bruchtalhinterarschgupfel lasse links liegen, dann folge, mein Sohn, dem Hinweis des tobenden Gimli, der rüstig rastend im Horn der Elfe bellt.»

«Häääää?»

Ja, «Häääää?» ist hier wohl die angemessene Antwort auf den Blödsinn, den sich Nadine da ausdenkt. Jedes Mal, wenn Yannick eine ihrer Meinung nach überflüssige Frage nach dem Aufenthaltsort einer seiner Sachen stellt, spricht sie verrätselte Wegbeschreibungen, die klingen, als hätte ein zugekifftes Navi zu viel *Herr der Ringe* geguckt. Wie reagiert ein zwölfjähriger, schlagfertiger Junge? Er reagiert seltsam. Denn er ist so verblüfft über seine Mutter, dass er aus seinem normalen Denktempo gerissen wird. Das Erstaunen, und manchmal auch das Lachen, bringen sein Gehirn tatsächlich dazu, sich Folgendes zu fragen: Was geht hier eigentlich ab? Und so lernt sein Gehirn nach und nach die Antwort: Deine Mutter verarscht dich so lange, bis du selbst anfängst zu denken, bevor du fragst. Aha, denkt sein Gehirn und gibt eine Handlungsanweisung an seine Füße, die ihn wohin tragen? Richtig, zum Wäscheschrank. Und dort liegt was? Genau, sein T-Shirt. Sagenhaft! Und da heißt es immer, *Herr der Ringe* wäre realitätsfern.

Mamaaaaa!

Kaum etwas ist mit dem wunderbaren Augenblick zu vergleichen, in dem ein kleines süßes Baby zum ersten Mal «Mama» sagt. Diesem Augenblick gilt es im Zentrum des Herzens ein solides Haus zu bauen, das auch einem Hurrikan widersteht. Denn der wird kommen. Amalia merkt heute wieder, wie windschief ihr Haus im Herz werden kann, wenn ihr 13-jähriger Sohn Lennard durchs ganze Haus brüllt: «Mamaaa! Mamaaa! Mamaaa!» Und das immer wieder.

«Ich habe dir doch gesagt, dass ich im Garten bin, brüll hier nicht so rum und komm zu mir, wenn du mir etwas sagen möchtest», antwortet seine Mutter.

Stattdessen brüllt Lennard aus dem Fenster mit einer Lautstärke, die das Startgeräusch einer Boing 747 übertönen könnte: «Mamaaaaa! Mamaaaaa! Papa hat gesagt, ich kriege diesen Monat kein neues Fahrrad, weil wir im Dispo sind. Stimmt das? Mamaaaaa!» In Amalias Gedanken notiert sich ihre Nachbarin gerade lächelnd diese Zeilen, um sie ihrem Gatten heute Abend als Nachtisch zu servieren.

Wie alt muss dieser Junge eigentlich noch werden, um zu verstehen, dass der Begriff «interne Familienangelegenheit» im Synonymduden nicht unter Dorftratsch steht, denkt Amalia und reagiert mit pädagogischem Fortissimo.

Der Trick: Die wüste Ruferin

Von Amalia (37), Fachverkäuferin, für ihren Sohn Lennard (13)

Amalia ruft laut und für alle hörbar: «Nein, Lennard, ich habe deinen rosa Kuschelteddy nicht gesehen!»

«Waaaaas?», brüllt Lennard zurück.

«Guck mal im Regal bei deiner *Hanni-und-Nanni*-DVD!»

«Häää?»

«Die steht neben *Prinzessin Lillifee*!»

Da endlich hat es Lennard geschnallt.

Keine drei Sekunden später steht er neben Amalia und erwartet eine Erklärung für ihr schamloses Verhalten. Die legt ihm daraufhin mal auseinander, was es für Folgen haben kann, wenn man alles so laut herausposaunt. Und das Ergebnis: Er hat's endlich kapiert. Amalia ist aber gar nicht so abgebrüht, ihren Sohn vor der Nachbarschaft zu blamieren, nein, sie ist ziemlich gewitzt. Sie hat gesehen, wie die Nachbarin weggefahren ist, und das ihrem Sohn verschwiegen. Sonst lernt er das nie, denkt sie. Schließlich will sie nicht, dass er eines Tages nach Hause zu seiner Freundin kommt und für die Nachbarn hörbar brüllt: «Lauraaaaa! Die hatten in der Apotheke dieses Gyno-Canesten nicht!»

Wenn du
mal groß
bist

Geld ist wie Karnickel

«Wir geben dir so viel Taschengeld im Monat, wie es sinnvoll ist», sagen Ingmars Eltern. «Das kann nicht sinnvoll sein, das ist ja schon nach einer Woche weg», kontert Ingmar. Seine Eltern, Martina und Jürgen, orientieren sich an der Taschengeldtabelle der Jugendämter (ja, so etwas gibt es). Der daraus resultierende Tarif für den Elfjährigen: 15 Euro pro Monat. Aber Einteilen ist nicht gerade Ingmars Stärke, für ihn gilt der alte Spruch: Wie kommt es, dass am Ende des Geldes noch so viel Monat übrig ist? Sein Vater hingegen meint, Ingmar könne mit dem vielen Taschengeld nicht nur bis zum Monatsende auskommen, sondern davon sogar noch etwas zur Seite legen: «Ingmar, du weißt doch, mit dem Geld ist es wie bei den Karnickeln. Wenn du die Scheine aufeinanderlegst, vermehren sie sich.» Na ja, Jürgen, wenn wir die augenblickliche Zinspolitik sehen, treiben es die Karnickel wohl nur mit Kondom. Und Ingmar fällt dazu spontan nur ein: «Onkel Bernd hat neulich eins überfahren.»

«Was heißt das?»

«Dass ich mehr Geld brauche.»

«Nein, du brauchst nicht mehr, du musst es dir einfach nur besser einteilen. Meine Güte, was machst du denn mit dem ganzen Geld?», will Jürgen wissen. Prompt zitiert Ingmar Onkel Bernd, ein Onkel, der offenbar keinen so günstigen Einfluss auf ihn ausübt: «Das gebe ich für Autos, Schnaps und schnelle Weiber aus.» Okay, Ingmar, kleiner Tipp, wenn man schon so selbstbewusst die Prollsprüche seines Onkels raushaut, dann aber bitte richtig zitieren. Obwohl uns schon interessieren würde, wie du Geld für eine Sprinterin ausgeben würdest. Martina und Jürgen versuchen, Ingmar immer wieder klarzumachen, dass er sich sein Geld einteilen muss.

«Ingmar, wenn wir alle so mit Geld umgehen würden wie du, wärst du ganz schön arm dran.»

«Versteh ich nicht. Was weg ist, ist weg. Ist doch egal, wann.»

Wie man sieht, müssen grundlegendere Veränderungen her. Martina und Jürgen wissen, welche.

Trick: Alles auf'n Kopf hau'n!

Von Martina (41) und Jürgen (40), Sekretärin und Agrartechniker, für ihren Sohn Ingmar (11)

Einige Tage später stolziert Martina wie ein Laufstegmodel vor Jürgen und Ingmar auf und ab: «Guckt mal, ich bin heute an einem Designerladen vorbeigekommen, hab das Kleid gesehen und sofort spontan zugeschlagen. Na, wie findet ihr das?»

«Hübsch, sehr hübsch, mein Schatz», meint Jürgen.

«Joa, is okay», meint Ingmar.

«Okay? Mehr nicht? Ich denke, ich sehe darin umwerfend aus.»

Am nächsten Tag hat Jürgen seinen Auftritt. Er trägt eine neue Uhr und schwenkt sein Handgelenk vor den beiden stolz auf und ab.

«Guckt mal, Schweizer Präzision. Automatikwerk. Bis zu 300 Meter wasserdicht. Na?»

«Sieht super aus», strahlt Martina. «Nicht so schön wie mein Kleid, aber immerhin.»

«Joa, is okay», meint Ingmar.

Eine Woche später hat Ingmar seinen großen Auftritt. Er hat Geburtstag. Schon früh am Morgen eilt er ins Wohnzimmer in der Hoffnung auf großzügige Geschenke und bekommt ein großzügig schief gesungenes Ständchen und ein liebevolles wie enthusiastisches «Herzlichen Glückwunsch zum Geburtstag!» von seinen Eltern. Sie herzen und umarmen ihn ... das war's: «So, jetzt aber ab in die Schule.»

«Was? Äh, was 'n mit Geschenken?»

«Oh, schlechte Nachrichten, mein Sohn, du weißt doch, meine Uhr ... da hatte ich kein Geld mehr für Geschenke», flunkert Jürgen.

«Ja, und mein Kleid», sagt Martina, «ich konnte nicht warten, ich musste es einfach haben. Und wir haben nun mal jeden Monat nur einen bestimmten Betrag zur Verfügung. Aber du weißt ja, wie das ist. Wie hast du noch gesagt: Was weg ist, ist weg. So, wir müssen auch weg. Tschüs!»

Das Gesicht von Ingmar war den beiden mehr wert als 15 Euro. Diesen Moment wird er sich einprägen, bis zum Rest seines Lebens. «Mindestens so lange!», meint Ingmar. Er hat seine Lektion gelernt und seine Erkenntnis später auch noch erstaunlich gut formuliert: «Wer zwei Karnickel in einen Stall sperrt und wartet, dass sie sich vermehren, der kann noch auf ein kleines Karnickel hoffen. Aber wer überhaupt nichts in den Stall sperrt und wartet, dass da ein kleines Karnickel rauskommt, bei dem ist ja wohl alles zu spät.»

Moment mal: Jürgen und Martina mögen zwar «nicht ganz legale Erziehungstricks», ganz brutale mögen sie aber nicht. Abends bekam Ingmar seine Geschenke. Er war heilfroh, dass seine Eltern ihr Geld besser einteilen können als er.

Der Kinderspielplatz. Eine grüne Oase in der hektischen Großstadt. Wo Kinder mit nackten Füßen über glatt gemähten Rasen hüpfen, sich im seidenhaften Sandkastensand wälzen und auf die schönsten Schaukeln, Rutschen und Karussells klettern, die sich ein Mensch nur ausdenken kann. Ein Ort der Freude und des Spiels für Kinder. Und ein Ort der Freude und Entspannung für Eltern. Hier können vom Alltag gepeinigte Elternseelen auftanken und rufen: «HEY, KEVIN, KLOPP DER CHANTAL NICH DIE HEROINSPRITZE IN DATT AUGE! HILF DER LIEBER, SICH DIE HUNDESCHEISSE AUS'N HAAREN ZU ZIEHN!»

«Seit wir aus der Großstadt weggezogen sind, höre ich solche Sätze auf dem Spielplatz nicht mehr», erzählt uns Julia. «Auf dem Land ist der Spielplatz sauber. Da liegt nur hin und wieder mal eine Flasche Bier herum.» Prima, Julia, das heißt für uns, du bist nahezu im Spielplatzparadies angekommen, ja? «Ja, ein super Spielplatz ist das hier, ehrlich. Wenn nur die Kinder nicht wären.» Wie bitte, Julia, du möchtest beim «Kinderspielplatz» das «Kinder» streichen?

«Jetzt haben meine beiden Töchter den Spielplatz für sich allein. Und was machen die? Die hauen sich die ganze Zeit wegen der einen Schaukel, die da hängt. Das Teil war zwar mal als Zweierschaukel konzipiert, aber die zweite fehlt. Trotzdem, anstatt dass eine auf die Rutsche geht und die andere auf die Schaukel, streiten sie sich um die eine Schaukel. Natürlich, alles andere würde ja meine Nerven schonen.»

Julia: «Lara, hör jetzt auf, lass Svenja auch mal auf die Schaukel!»

Lara: «Nein! Die ist eine alte Furznase.»

Julia: «Lara! Ich zähle bis drei. Eiiins, zweiii ... drr... Ey! Ich sage das jetzt zum allerletzten Mal!»

Lara: «Warum schimpfst du mit mir, obwohl ich immer manchmal so lieb bin?»

Svenja: «Aber ich bin lieber als du.»

Lara: «Nein, ich.»

Svenja: «Nein, du.»

Lara: «Nein, du.»

Svenja: «Nein, ich.»

Julia, genervt: «Jetzt hört auf! Ihr seid ja sogar zu doof zum Streiten!» Okay, den letzten Satz hat Julia nur gedacht, nicht gesagt. «Ich würde am liebsten diese doofe Schaukel abreißen. Denn an den anderen Spielgeräten vertragen sich die beiden. Aber es ist halt nur eine Schaukel da. Die müsste mal kaputt sein oder so, das wär's.»

Der Trick: Die Schildbürgerin

Von Julia (35), Eventplanerin, für ihre Kinder Lara (5) und Svenja (6)

«Kinder, wir gehen wieder nach Hause, kommt.» Julia packt die Sandkastenförmchen ein, die Trinkflaschen, die Jacken und was sonst noch so alles verteilt herumliegt. Mal wieder ist sie wegen der Streiterei nicht zum Arbeiten gekommen. Sie hatte sich extra einen Block mitgenommen und wollte sich Stichpunkte für ein neues Projekt aufschreiben, da gehen ihr folgende Gedanken durch den Kopf:

• Könnte ich nicht einfach?
• Sollte ich nicht einfach?
• Ist das etwa unmoralisch?
• Ja, das ist unmoralisch.

- Na und. Mir doch egal.

Und sie ruft: «Geht schon mal zum Tor, Kinder, ich komme gleich.»

Am nächsten Tag stehen Lara und Svenja vor der Schaukel, und Svenja liest langsam mit Hilfe ihrer Mutter Buchstabe für Buchstabe des Schildes. «D-e-f-e-k-t.»

«Ja, defekt steht da. Das heißt kaputt. Und darunter steht: Schaukeln verboten.»

«Menno, das ist ja voll blöd!», ruft Lara.

«Aber echt, wer hat die denn kaputt gemacht?», fragt Svenja.

«Das weiß ich nicht. Aber wir müssen warten, bis sie wieder heil ist. So lange müsst ihr was anderes spielen, okay?»

«Okay. Kein Problem.»

Julia kann es nicht fassen. Die ganzen Tage mit Streit und Zickerei, das hätte sie schon längst machen sollen. Wir fragen sie, ob das nicht irgendwie Vorspiegelung falscher Tatschen, Lüge und sogar Amtsanmaßung sei. Denn eigentlich darf so ein Schild ja nur der Bürgermeister oder das königliche Kommunalamt für Schaukelbetrieb aufhängen oder wie diese Behörde heißt. Jedenfalls nicht Mama Julia. «Ich würde das nicht so eng sehen», sagt diese. «Man wird doch wohl noch seine eigenen Kinder verschaukeln dürfen», und lacht sich eins.

Anmerkung:

Diesen Trick kann man natürlich nur auf dem Land machen, wo Julia weiß, dass sie wochentags meist die Einzigen auf dem Spielplatz sind. Zur Sicherheit hat sie sich noch ein anderes Schild ausgedacht, um den Dauerstreit endgültig zu beheben, aber den Kindern das Schaukeln trotzdem zu ermöglichen. Also dagegen kann man nun wirklich nichts sagen ... bis auf die Amtsanmaßung.

SCHAUKELPLAN

ALTER:	SCHAUKELZEIT:
3 JAHRE	11.00 – 11.15 UHR
4 JAHRE	11.15 – 11.30 UHR
5 JAHRE	15.00 – 15.15 UHR
6 JAHRE	15.15 – 15.30 UHR
7 JAHRE	15.30 – 15.45 UHR
8 JAHRE	15.45 – 19.00 UHR

– AMT FÜR SPIELPLATZ –

Das dumme Telefon, 1

«Was wäre der Mensch ohne Telefon? Ein armes Luder.
Was ist er aber mit Telefon? Ein armes Luder.»

Kurt Tucholsky

«Mamaaa! Gib mir mein Handyyy! Mamaaaaaa!»

Matteo M.

«Was ist der Mensch?» Diese urphilosophische Frage kann gerade bei Jüngeren ganz einfach beantwortet werden: Es ist dieses Ding, das an einem Smartphone klebt. Die alte Frage danach, was zuerst da war, Huhn oder Ei, ist obsolet. Heute fragt man sich eher, was zuerst da war: Handy oder Kind?

«Dieses Gerät soll smart sein? Das verstehe ich nicht», meint Kerstin. Für sie ist es immer nur «das dumme Telefon». Das sieht ihr Sohn Matteo (11) natürlich ganz anders:

«Mama, du weißt gar nicht, was so ein Smartphone alles kann, du kapierst das gar nicht.»

«Ach, und was heißt smart auf Deutsch?»

«Smart? Also ... äh ...?»

«Das heißt klug! Und das müsstest du wissen, weil du Englisch hast. Aber du weißt es nicht, weil du dich nicht konzentrieren kannst. Und du kannst dich nicht konzentrieren, weil du nicht gut schläfst. Und du schläfst nicht gut, weil du abends immer noch ins Handy glotzt.»

«Nein, das stimmt nicht, das hat damit nichts zu tun!»

«Natürlich stimmt das. Frag doch dein kluges Handy, googel das mal. Aber erst morgen. Jetzt gibst du es mir, damit du schlafen kannst!»

«Nein, Mamaaa! Gib mir mein Handyyy! Mamaaaaaa!»

Kerstin ist eigentlich nicht der aufbrausende Typ. Sie löst Konflikte wie diese lieber mit Phantasie und Humor. Es scheint knapp zu werden, aber auch dieses Mal kriegt sie die Kurve.

Der Trick: Der phantastische Tarif

Von Kerstin (46), Angestellte, für ihren Sohn Matteo (11)

«Matteo, ich habe eine ganz tolle Nachricht: Wir können super viel Geld sparen.»

«Echt? Und kriege ich das Geld, das wir sparen?»

«Bitte? Wieso du?» Kerstin überlegt kurz, das war eigentlich nicht ihr Plan. Aber weil sie sich von dieser kleinen Bestechung einen stärkeren Effekt erhofft, schwenkt sie sofort um und sagt: «Ja, genau, du bekommst das Geld, das wir sparen. Pass auf», flunkert Kerstin los: «Ich habe einen neuen Internettarif abgeschlossen. Wenn wir ab 20 Uhr nicht mehr ins Internet gehen, sparen wir ... äh ...» Und hier rechnet Kerstin kurz aus, wie viel sie ihrem Sohn wohl zusätzlich an Taschengeld geben könnte, ohne dass es unverantwortlich und zu teuer wird. Und das Ergebnis: «30 Prozent, wir sparen 30 Prozent! Da sind jeden Monat über 10 Euro für dich drin. Na, wie findste das?»

«Super, das ist total super, Mama, echt!»

Jaja, Matteo, zuhören ist schwierig, wenn die Gier das Hirn ergreift. Denn was dieser Deal wirklich bedeutet, findet er erst später heraus. Weil der Empfang in der Wohnung zu schlecht ist, ist er aufs WLAN angewiesen. Und das heißt jetzt konkret: Ab acht Uhr abends kommt er mit seinem Handy nicht mehr ins Netz. Da springt dann doch noch das Hirn an: «Mama, ich gebe dir das Geld, mach das rückgängig. Bitte! Bittee! Bitteee!»

«Das geht nicht, das bleibt jetzt für ein Jahr so. Mensch, tut mir leid, ich dachte, du freust dich.»

«Scheiße!», schimpft Matteo und knallt die Tür zu. Und Kerstin ruft ihm mit gespielter Ahnungslosigkeit hinterher: «Oh, Entschuldigung, war das jetzt Freude?»

Zunächst hat er gemeckert, aber nach kurzer Zeit hat sich Matteo daran gewöhnt. Durch Muttis Tarif-Trick gibt es ab jetzt abends keine nervigen Diskussionen mehr über die Handynutzung. Sie zieht um acht Uhr einfach den Stecker aus dem WLAN, und das war's, während ihr Sohn an einen günstigen Internettarif glaubt, den man ein Jahr lang nicht rückgängig machen kann. Wunderbar. Er schläft besser, alles ist besser. Das Leben ist besser. Und was passiert, wenn das Leben besser wird? Es wird wieder schlechter. Und dieses Schlechte betrit die Handy-Harmonie in Gestalt des zwölfjährigen Moritz, ein Mitschüler Matteos. Allein der Name Moritz hätte Kerstin auch ohne einen weiteren Max in Begleitung aufschrecken müssen.

Das dumme Telefon, 2

Kerstin schätzt die Aufklärung seit der Französischen Revolution. Einen Aufklärer in der digitalen Revolution schätzt sie allerdings nicht. Also einen wie Moritz, der ihrem lieben, süßen, unschuldigen Sohn Matteo erklärt, dass es solch einen Ab-20-Uhr-Tarif gar nicht geben kann. Und warum kann es den nicht geben? Weil man ihn nicht findet, wenn man danach googelt. Und Kerstin schimpft: «Dieses kleine fiese Monster Moritz, der hat mir alles kaputt gemacht mit seinem blöden Handy, mit dem der auch noch richtig googeln kann ... dieses dumme Kind!»

Wie so oft zerstört die abstoßend kalte und harte Wahrheit die anziehend flauschige Welt der seidigen Lüge. «MAMA! DU HAST NUR DEN WLAN-STECKER GEZOGEN?»
«Das ist zu deinem Besten, Matteo, du wirst ja schon süchtig.

Deine Konzentration lässt nach, deine Hände können nur noch tippen und hin und her wischen, nichts anderes mehr. Du hast doch so viele Talente, du kannst doch viel mehr als tippen und wischen und glotzen.»

«Wo ist mein Handy, ich will jetzt mein Handy haben.»

«Aber es ist nach acht Uhr, da ist das nicht mehr möglich.»

«Verarsch mich nicht! Mamaaa! Gib mir mein Handyyy! Mamaaaaaa!»

Der Trick: Die smarte Vase

Von Kerstin (46), Angestellte, für ihren Sohn Matteo (11)

«Du willst dein Handy? Hier ist dein Handy!» Und mit diesem Satz stopft Kerstin, die Kerstin, die sonst immer alles mit Phantasie und Humor löst, das Handy ihres Sohnes in eine Vase.

«Ey! Was machst du? Hol mein Handy da wieder raus, Mama!»

«Wenn du so an dem Ding hängst, hol es doch selber raus.» Und als Kerstin erkennt, dass es sich um eine billige Vase vom Wühltisch handelt, deren rechteckige Öffnung sie mal stylish fand, aber zum Einstellen von Blumen total unpraktisch ist, sagt sie: «Aber wehe, du machst die kaputt, das ist eine teure Designervase.»

Es dauert und dauert, aber Matteo bekommt an diesem Abend sein Handy einfach nicht aus der Vase. Das Ding ist wie ein Sparschwein für Handys. Das Smartphone verkantet sich jedes Mal zuverlässig in dem zu engen Schlitz, wenn man versucht es herauszuschütteln. Unbewusst hat Kerstin einen neuen Trick erfunden. Die letzte Rettung der geplagten Mutter. Einen Tag später geschieht es, Matteo gebraucht endlich einige seiner

Talente, handwerkliches Geschick und Kreativität, um das Smartphone aus der Vase zu bekommen. Er klebt an die beiden Seiten einer Kombizange die beiden Teile eines Salatbestecks. Und mit viel Geduld und Konzentration, etwas, das durch häufigen Handykonsum zu verkümmern droht, zieht er das Gerät aus der Vase. Und ist total stolz darauf: «Siehst du, was ich kann?»

«Ganz toll, wirklich. Und weißt du was? Morgen Abend probieren wir das noch einmal. Was meinst du?»

«Mamaaaaaa!»

Der Vogel des Jahres: Schmierfink

«Was soll nur aus Schülern wie Hannah werden, die absolut unleserlich schreiben?», fragt Stefanie.

«Na, Ärzte! Bei den ganzen Scharlatanen und Kurpfuschern ist es sowieso egal, was sie dir aufschreiben. Entweder es hilft nichts, oder es bringt dich um», witzelt ihr Mann Klaus. Na, super, denkt Stefanie, ich brauche Erziehungsunterstützung, und mein Mann kommt mit 'nem verstaubten Witz daher. Der ist mir ja 'ne tolle Hilfe.

Stefanie macht sich Sorgen, weil ihre neunjährige Tochter Hannah eine Schreibschrift hat, die aussieht, als hätte man ein dürftig gerupftes Huhn in Tinte gelegt und übers Blatt gerollt. Und zu ihrer Verteidigung sagt sie nur: «Mama, Mensch, das braucht man doch heute nicht mehr.» Nein, nichts braucht man mehr, denkt Stefanie, keine Schreibschrift mehr und keine Druckschrift mehr. Denn die ist ja mittlerweile auch out, weil Hannah nur noch mit Emoticons über Snapchat oder WhatsApp kommuniziert. «Damit kann man alles sagen, Mama.»

«Ja? Dann üb für die Zukunft schon mal diesen Satz in Emoticons: ‹Hiermit stelle ich den Antrag zur Sozialleistung Arbeitslo-
sengeld II (Hartz IV) nach § 37 SGB II.› Na? Welche Emoticons
hast du dafür?»

«Äh ...»

«Dachte ich mir.»

Wenn Hannah doch mal mehr zu sagen hat, dann sagt sie es auch.
Das heißt, sie schreibt nicht, sondern schickt über WhatsApp eine
Audionachricht, die sich so anhört (Wortlaut Originalabschrift):

«Ja, Mama, bin bei Lara, und, keine Ahnung, wir sind so ...
weiß nicht, Lara, ey, was machst du? Lara! Lara! Laaaraaa! Ja,
was? Ich meine DICH! Ja, jetzt, wegen wann wir kommen, also
ich, also wann ich hier gehe ... wann? Ja, also, wenn wir jetzt ...»
(Hält Handymikro zu weit weg, man hört nur Genuschel und
Getuschel.) «... ja, jetzt, ey, ja genau, das wird gehen, okay, also,
ja, keine Ahnung, okay, Mama? Okay? Ach so, warte, ich wollte
noch was sagen ... nee, warte, doch nicht. Tschüssi.»

«Schreibe nur, wie du reden würdest, und so wirst du einen guten
Brief schreiben.»

Johann Wolfgang von Goethe. Der gute Goethe, die alte Flos-
kelflocke, der hatte eben noch kein WhatsApp. Aber wie erklärt
jetzt Stefanie ihrer Tochter, dass es auch heute Situationen geben
kann, in denen man weder Snapchat noch WhatsApp hat. Ja,
dass es sogar Situationen geben kann, in denen man – und jetzt
wird's gruselig – gar kein Handy hat!?

Der Trick: Das wäre ihr Eis gewesen!

Von Stefanie (37), Produktgestalterin, für ihre Tochter Hannah (9)

Wer schreibt, der bleibt, lautet das Sprichwort. Stimmt es? Ja, aber nur wenn man lesen kann, was geschrieben wurde. Als Hannah aus der Mietwohnung im zweiten Stock kurz in den Keller sprintet, um ein altes Spiel nach oben zu holen, schreibt Stefanie einen Zettel, hängt ihn an die Wohnungstür und geht zwei Etagen höher. Hannah kommt zurück, sieht den Zettel und denkt: «Häh, was steht da? ‹Brimpf blela lckl ei sess kmm dunch›? Was heißt das denn? Mama? Wo bist du?»

Kurze Zeit später taucht Stefanie wieder auf und streicht sich über den vollgeschlagenen Bauch: «Mmmh, war das lecker. Ela hat wirklich das beste Eis der ganzen Stadt gekauft.»

«Was? Menno! Wieso hast du mir das nicht gesagt?»

«Ich hab's dir aufgeschrieben, da hängt der Zettel.»

«Aber den kann man nicht lesen.»

«Ich dachte, das wäre unwichtig. Hmm, war das lecker.»

«Boah, bist du gemein!»

«Nein, gemein wäre ich, wenn ich dir nicht helfen würde, deutlich zu schreiben. Ich bin nicht gemein, ich bin eine gute Mutter.»

«Träum weiter.»

War's das schon mit Stefanies Trickserei? Nein, Stefanie hatte noch mehr auf der Pfanne. Einmal schrieb sie einen schlecht lesbaren Zettel, auf dem stand: «Vorsicht, kleine giftige Spinne in der Wohnung». Als sie Hannah darauf aufmerksam machte, kreischte Hannah wie wild, bis Stefanie sie beruhigte und meinte: «Da steht ‹Keine! Giftige Spinne in der Wohnung›. Merkst du jetzt, wie wichtig leserliches Schreiben ist? Das alles kann man mit dem Handy nicht machen.» Und da, langsam, ganz langsam, kapierte Hannah, was man mit leserlicher Schrift so alles anstellen kann. Und das kann sie sich jetzt (gut leserlich) hinter die Ohren schreiben.

Schulschwänzer

«Ich habe nie meine Erziehung durch Schulbildung beeinträchtigen lassen.» Mark Twain. Tss, dieser Twain, ganz schön gemein. Selbst nichts lernen wollen, aber ein bedeutender Schriftsteller werden, sterben, und dann müssen andere etwas über ihn lernen. Na, super. Und heute schreiben Autoren Streaming-Serien und Computerspiele, die Schüler wie Rafael aus der Schule locken und davon abhalten, etwas über Mark Twain zu lernen, was dieser selbst nie gelernt hätte. Und warum? Wegen dieser blöden Schulpflicht. Schulpflicht, ein Begriff, den Rafael gern kreativer interpretiert sehen möchte. Er schleicht sich je nach schauspielerischer Laune wahlweise mit Bauch-, Hals- oder Kopfschmerzen nach der vierten Stunde nach Hause, um die neue Folge einer Netflix-Horrorserie zu sehen.

Rafaels Vater Alexander ist sich nicht sicher, aber er vermutet, dass sein Sohn ihn «wegen dieser öden Serien und blöden Videospiele», wie er selbst sagt, anlügt und krank spielt. Öde und blöde? Rafaels Meinung nach erkennt sein Daddy noch nicht, dass Videospiele zocken und Seriendauerglotzen moderne Kulturtechniken sind, die einem Opernbesuch in nichts nachstehen. Würde Rafael sagen: «Ich gebe zu, ich war nicht krank, aber ich musste mir in der Oper unbedingt noch mal Wagners geile Walkürenreiterei reinziehen!», hätte Daddy seinen hochkulturvernarrten Sohn bestimmt liebevoll in die Arme geschlossen. Alexander weiß nicht, auf welche pädagogisch geschickte Art er seinen Sohn fragen, aber nicht beschuldigen könnte. Also sagt er einfach: «Ich glaube, du warst nicht krank. Ich glaube, du hast dir zu Hause Netflix reingezogen!»

«Das stimmt nicht», entgegnet Rafael beleidigt. «Und wenn doch, kannst du es nicht beweisen.» Dieser dreiste Satz brennt sich in Alexanders Gehirn und überfällt dort sein mit Sanftmut gesteuertes Vergebungszentrum mit einem hart hämmernden «Na, warte!».

Der Trick: Die Horror-Alarmanlage

Von Alexander (50), Selbständiger, für seinen Sohn Rafael (14)

Als die Kriminalitätsstatistik im Bereich Einbruch leicht und die Angst davor enorm gestiegen ist, bietet der Discounter um die Ecke eine Alarmanlage zum Schnäppchenpreis an. Ein kleiner, unauffälliger Kasten, den man ideal auf den Schrank im Flur stellen kann, denkt sich Alexander. Einem Einbrecher würde das Gerät nicht auffallen. Meinem Sohn auch nicht. Und damit wandert das listige Gerät in den Einkaufswagen. Ein tolles Teil: Betritt jemand den Raum, schaltet sich das Gerät durch den Bewegungssensor ein und verbindet sich geräuschlos über die Telefonleitung mit einer vorher eingegebenen Telefonnummer. Jetzt kann der Angerufene in den Raum hineinhören und sogar hineinsprechen. Also Sachen sagen wie: «Ey, ihr seid wohl Einbrecher, was?» Und die Angesprochenen können antworten: «Ja, sind wir. Schönen Tag noch.» Gut, schon klar, man kann natürlich auch nichts sagen und einfach die Polizei rufen. Ein Feature mag Alexander besonders. Man kann den gewünschten

Überwachungszeitraum eingeben. Wenn Alexander morgens aus dem Haus geht, schaltet er das Gerät auf «8–14 Uhr».

Moment, Alexander! Kommen nach 14 Uhr keine Einbrecher mehr? Hallo? Alexander? Oh, wir verstehen, so ist das. Um 14 Uhr ist Rafaels Schule regulär aus. Das heißt also, Alexander, du hast dieses Gerät eigentlich nur gekauft, um deinem Sohn auf die Schliche zu kommen? Aber Alexander sagt lediglich: «Nein! Und wenn doch, könnt ihr es nicht beweisen.»

Und so kommt es, wie es kommen muss: Rafael stiehlt sich um halb eins in die Wohnung, das Gerät springt an. und Alexander wird angerufen. Er hört, wie sein Sohn in die Küche geht, und denkt: «Boah! Ich höre dieses Knuspern! Der zieht sich Chips rein!» Dann hört er, wie sein Sohn ins Zimmer geht und den Fernseher anschaltet: «Wusste ich's doch! Ich höre seine Serie, ganz klar glotzt der Netflix. Von wegen krank im Bett.»

Alexander stellt das Gerät über sein Smartphone auf Lautsprecher und ruft in die Wohnung: «Rafael! Rafaaaeeel!» Der Kleine stellt den Fernseher leise. Guckt sich verdutzt um, schaut aus dem Zimmer, sieht niemanden und denkt, er hätte eine dieser Sinnestäuschungen. Kaum schaltet er den Ton wieder an, ruft Alexander erneut: «Rafael!» Dieses Mal mit verstellter, leicht gruseliger Stimme. Denn Alexander hat sich spontan überlegt, seinem Sohn noch ein bisschen Angst einzujagen, wenn der sich schon Horrorserien reinzieht. Wieder hört Alexander, wie der Ton ausgestellt wird. Wieder schleicht Rafael aus dem Zimmer und lauscht in die Wohnung. Nichts. Er öffnet die Wohnungstür, horcht in den Flur, auch da nichts. Dann geht er zurück ins Zimmer, will gerade den Ton vom Fernseher einschalten, da hört er eine gruselige Stimme: «RAFAEL, ICH KOMME UND HOLE DICH!» Rafael, eigentlich kein Angsthase, läuft aus der Wohnung und klingelt Sturm beim Nachbarn, ein Freund seiner Eltern. «Da ist irgendwas, irgendwas ruft hier immer.»

«Was genau? Was meinst du?», fragt der Nachbar mit gespielter Besorgnis. Gespielte Besorgnis, denn er wurde bereits von Alexander über SMS aufgeklärt. Und so tappt Rafael in die Falle.

«Was ist denn genau passiert, Rafael?»

«Also, ich hab gerade Fernsehen geguckt, und da ruft einer ‹Rafael wir kommen dich holen› oder so.»

«Hmm, wenn ich das noch einmal wiederholen darf, fürs Protokoll. Ich schreibe das mal lieber auf, falls die Polizei nachfragt. Also: Du hast gerade Fernsehen geguckt, ich nehme an, deine Lieblingsserie ...?»

«Äh, ja und ...» Rafael schaut ihn verblüfft an: «Äh, Moment, wieso diese Frage? Hier stimmt doch was nicht.» Da tönt die gruselige Stimme aus der Wohnung: «DU HAST NETFLIX GEGUCKT. ICH KOMME UND HOLE DICH!»

Geistesgegenwärtig zückt der Nachbar sein Handy und schießt ein Foto.

Das dumme Gesicht, das Rafael machte, kann man noch heute schön eingerahmt auf Alexanders Schreibtisch bewundern.

Die kleine Trümmerfrau

«Maja? So wie die Biene Maja?» Ja, genau wie die Biene Maja heißt die neunjährige Maja. Und das ist nicht die einzige Gemeinsamkeit. Auch der bei Bienen gerühmte Fleiß hat in Maja ein Zuhause gefunden. Im Gegensatz zu den Bienen baut sie aber nicht auf, sie baut ab. Um genauer zu sein, sie zerstört. Sie ist eine umgekehrte kleine Trümmerfrau. Schadensbilanz der letzten zwei Wochen:

- Nachttischlampe heruntergeworfen, nicht aufgehoben, draufgetreten: 35 Euro
- Bilderrahmen beim Luftgitarrespielen mit Besenstiel von der Wand gefegt: 89 Euro
- CD-Player von Mama, Ausfahrklappe abgebrochen, weil wegen ungeschickt: 119 Euro

Merken, dass man trotzdem geliebt wird: unbezahlbar.

Oder wie sie einmal furztrocken meinte: «Liebe Menschen dürfen das!» Und wenn das nicht ausreicht, dann schmust sie mit ihrer Mutter und sagt: «Du bist die liebste, beste Mutti auf der Welt, ich hab dich sooo lieb», und fährt trocken fort: «So, ist jetzt wieder gut?»

Nein, ist nicht gut. Mama Astrid untersagt ihr den Umgang mit der Hi-Fi-Anlage, weil Maja damit offensichtlich nicht umgehen kann. Und Maja ruft: «Das ist unfair!»

«Nein, das ist altersgerecht!», kontert Astrid. «Du musst erst lernen, dass man vorsichtig damit umgehen muss. Dinge haben einen Wert, sie kosten Geld.» Wohl wahr, aber Maja hat nicht den Hauch einer Ahnung, was der direkte Zusammenhang zwischen den Dingen, die sie so sorglos ins Nirwana schießt, und Muttis Arbeit ist. Wie Geld verdienen? Hä? Das ist ungefähr so wie bei der verbreiteten Kuh-Milch-Kontext-Schwäche, bei der Kinder auch nicht wissen, dass Kühe selbst nicht die Regale im Supermarkt mit Tetrapaks auffüllen. Also ist es Zeit für Astrid, ihrer Tochter zu zeigen, woher die Kuh die Milch bzw. die Mama das Geld holt.

Der Trick: Die Quelle des Geldes

Von Astrid (34), Lagerleiterin, für ihre Tochter Maja (8)

Da trifft es sich gut, dass Astrid nicht als Beamtin arbeitet oder anderswie sitzend ihr Geld verdient. Astrid arbeitet im Lager eines Dekorationshauses, und an diesem Tag begrüßt sie eine neue Hilfskraft: Maja. Nach einer halben Stunde Kisten schleppen, etikettieren, abwiegen, abzählen und einspeichern bekommt Maja nur vom Zugucken schon einen Schweißausbruch. «Jetzt hab ich noch nicht einmal die Hälfte deiner Lampe verdient, Maja. Und jetzt kommst du mit.» Astrid klettert Leitern hoch und wieder runter, hetzt durch die Gänge und nimmt Maja bei jedem Gang mit. Die muss sich erst mal hinsetzen. «Maja, wenn überhaupt, dann haben wir jetzt so eben deine Lampe bezahlt. Aber dann haben wir weder den Bilderrahmen noch den CD-Player. Dafür muss ich tagelang ackern.» Maja ist nach den zwei Stunden total entsetzt. Ihre arme Mutter muss hier hin und her laufen und so schwer tragen. Und das alles ganz allein! Jetzt wird sie bestimmt besser auf die Sachen aufpassen, ganz bestimmt, versprochen. Na, dieser Trick hat doch mal gut geklappt, oder?

Nur eins noch, Astrid: Du kannst jetzt deinen beiden Kolleginnen und dem Staplerfahrer sagen, dass sie wieder reinkommen und weiterarbeiten dürfen. Die Show für deine Tochter ist vorbei.

Da kannst du lange warten!

Mit lautem «Drrrbrrr!» und «Brrrummm!» lässt Theo (5) seinen Bagger auf dem Spielplatz durch den Sandkasten knattern. Ins Spiel vertieft, findet er es eine totale Ungerechtigkeit, als seine

Mutter urplötzlich aus dem Nichts auf ihn zukommt und sagt: «Theo, komm, wir müssen jetzt gehen.» Für Theo bricht eine Welt zusammen, und er ruft entsetzt: «Was? Nein! Ich kann nicht! Ich muss hier Bagger fahren! Siehst du das nicht?!» Die harte Grenze, die Erwachsene zwischen seiner Spielzeugwelt und ihrer sogenannten realen Welt ziehen, ist schwer zu verstehen für ein Kind mit lebendiger Vorstellungskraft. Darum möchte er seiner Mutter am liebsten entgegenbrüllen: «In der kleinen Welt, in welcher Kinder leben, gibt es nichts, das so deutlich von ihnen erkannt und gefühlt wird, als Ungerechtigkeit. Charles Dickens!»

Aber große Erwartungen, auf Verständnis zu stoßen, hätte er nicht. Genauso wenig wie seine Mutter, die ihn nämlich nicht urplötzlich aus dem Nichts aufgefordert hat, sondern ihn seit gut zehn Minuten bittet, mit ihr zu kommen. Und zwar mit der allen Müttern bekannten Strategie: Sie geht zu ihm hin, bittet ihn zu kommen, dreht sich um und tut so, als ob sie ohne ihn gehen würde. Dann kommt sie wieder zurück, bittet ihn erneut mitzukommen, macht wieder kehrt, kommt wieder zurück, macht kehrt, kommt zurück … und so weiter. Dabei geben Mütter wie Carmen von außen betrachtet eine unfreiwillig komische Szene ab, die der in der TV-Serie *Lassie* ähnelt. Wenn der smarte Collie versucht, Timmy zu erklären, dass drüben das Haus der Millers brennt, indem er «Wuff!» macht, fünf Meter in Richtung Millers rennt, zurückkehrt, «Wuff! Wuff!» macht und Timmy irgendwann schließlich fragt: «Lassie? Willst du mir was sagen?» «Ja, das will ich!», möchte Carmen laut bellen: «Dein Vater hat gerade angerufen, ich muss ihm beim Essenmachen helfen, weil er ganz spontan Freunde eingeladen hat. Du musst jetzt mitkommen, Theo. Denn es brennt! Es brennt mir auf den Nägeln!»

Der Trick: Vorgetäuschte Toys

Von Carmen (33), Visagistin, für ihren Sohn Theo (5)

Wie kriegt man dieses Kind denn jetzt dazu mitzukommen?, denkt Carmen. Da wird ja der Hund in der Pfanne verrückt. Mit legalen Mitteln kann das noch Stunden dauern. Die nächste Straßenbahn fährt ihr gleich vor der Nase weg. Also, was jetzt? Carmen stellt sich neben Theo, greift zum Telefon, tut so, als ob schon wieder ihr Mann am Apparat wäre, und sagt: «Du hast was? Ein Geschenk für Theo? Ach, das ist aber nett.»

«Was ist es? Was ist es? Was krieg ich, Mama?», ruft Theo. Das Wort «Geschenk» ist das Zauberwort, mit dem Kinder blitzschnell aus der Spielzeug- in die reale Welt eintreten können.

«Was ist es für ein Geschenk?», fragt Carmen ins Telefon, bevor sie sich zu Theo hinunterbeugt und flüstert: «Das ist eine Überraschung. Aber dann müssen wir sofort los, damit die Überraschung nicht weg ist, wenn wir kommen.»

«Ja, schnell, wir müssen gehen!», ruft Theo und zieht Carmen am Arm.

Na also, das ging aber flott. Mit einer simplen Lüge. Aber Carmen, eine Frage: Was ist denn die Überraschung? Dein Mann hat doch gar kein Geschenk mitgebracht.

Carmen meint: «Na, und? Der Kleine hat das doch bestimmt schon wieder vergessen, wenn wir zu Hause sind.» Nein, hat er nicht. Und jetzt kommt die zweite hundsgemeine Lüge ins Spiel. Theo hat so viel Spielzeug, dass er den Überblick verloren hat. Also packt Carmen einfach schnell ein altes Spielzeug, eine alte Holz-Lokomotive, in Geschenkpapier ein. Kaum zu glauben, aber wahr, Theo ist begeistert: «Super, die kann den Bagger ziehen, damit fahr ich morgen in die Sandburg.» Na also, denkt Carmen, dann weiß ich auch schon, was er zu Weihnachten bekommt. Sein Geburtstagsgeschenk vom vorletzten Jahr.

Wo ist Schnuffel?

Kaum sitzen die Eltern Greta und Robert mit Tochter Lina und Sohn Adrian im Flieger zurück aus London, ist klar: Dieser schöne kleine Familientrip endet in einer Katastrophe. Sie haben nicht etwa Adrians nervige neunjährige Schwester Lina vergessen, das hätte er gut verkraftet. Nein: Schnuffel! Sein Ein und Alles. Sein Kuscheltier. Unfassbar. Irgendwo in dieser riesigen Metropole ist dieser Schnuffelhase mutterseelenallein. Alle Beschwichtigungen helfen nichts. Adrians Befehl an die Stewardess ist unmissverständlich: «Wir müssen umkehren. Sofort! Wir haben Schnuffel vergessen.» Zu Hause kann sich Adrian noch immer nicht beruhigen. Daraufhin ruft Greta im Hotel an, aber kein Schnuffel weit und breit. «Er muss irgendwo in London sein. Aber ich weiß nicht wo, tut mir leid», meint Greta.

«Aber wenn ihm da was passiert. Er ist doch noch so klein. Der arme Schnuffel», klagt Adrian besorgt. Greta erkennt, dass Adrian sich selbst an Schnuffels Stelle sieht. Er selbst hätte auch Angst, allein zu sein. Also, was tun? Wie kann sie Adrian davon überzeugen, dass es Schnuffel (und damit auch Adrian) gut geht?

Der Trick: Schnuffelige Verwandtschaft

Von Greta (39), Verwaltungsangestellte, für ihren Sohn Adrian (4)

Wir wissen nicht, woher Greta diese Idee hat, ob inspiriert vom Film *Die fabelhafte Welt der Amélie* oder vom Hasen Felix. Jedenfalls denkt sie, dieser Hase müsste einfach eine Postkarte schreiben, auf der steht, dass es ihm gut geht. Kaum gedacht, setzt sie sich an den Rechner, schiebt ein paar Bilder hin und her, und siehe da …

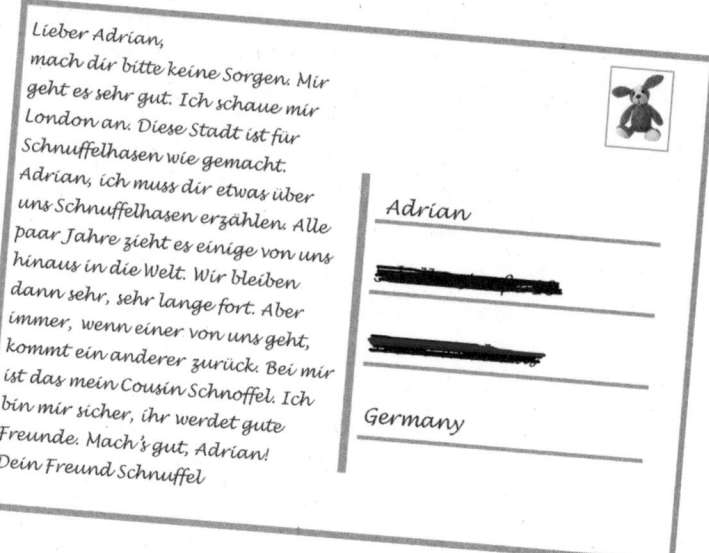

Lieber Adrian,
mach dir bitte keine Sorgen. Mir geht es sehr gut. Ich schaue mir London an. Diese Stadt ist für Schnuffelhasen wie gemacht. Adrian, ich muss dir etwas über uns Schnuffelhasen erzählen. Alle paar Jahre zieht es einige von uns hinaus in die Welt. Wir bleiben dann sehr, sehr lange fort. Aber immer, wenn einer von uns geht, kommt ein anderer zurück. Bei mir ist das mein Cousin Schnoffel. Ich bin mir sicher, ihr werdet gute Freunde. Mach's gut, Adrian!
Dein Freund Schnuffel

Adrian

Germany

Adrian war überglücklich. Sein Schnuffelhase hat beschlossen, auf Weltreise zu gehen. Und wer weiß, vielleicht kommt er irgendwann wieder zurück. Schnuffelhasen lösen sich nämlich dabei ab, mal zu Hause, mal unterwegs zu sein. Und so kommt sein Cousin Schnoffel bei Adrian vorbei. Den hatte Greta schon vorher gekauft. Etwas andere Farbe und etwas andere Form, egal, ist halt ein Cousin zweiten Grades. Aber wie er da so auf seinem Bett liegt, hat Adrian ihn sofort in sein Herz geschlossen und ihm von den vielen großen Schnuffelabenteuern erzählt.

Anmerkung:

Und warum ist dieser süße Trick jetzt nicht ganz legal? Nun, weil Greta zu uns meinte: «Ich weiß, dass es eigentlich besser ist, die Trauer über einen Verlust mit den Kindern aufzuarbeiten.

Die Trauer muss man halt aushalten und kann sie nicht einfach durch etwas Neues wegschieben. Wenn Oma Lena stirbt, steht ja auch nicht sofort Omi Leni auf der Matte.»

Tag der offenen Tür

«Wenn Jungs mal ihren Hosenstall auflassen, dann ist das doch wirklich nicht so schlimm», meint Henris Vater Erwin. Henris Mutter Mareike ist anderer Ansicht: «Wenn unser Sohn dauernd vergisst, seine Hose zuzumachen, dann blamiert er sich. Er wird dreizehn! Und man kann keinen Mann auf der Welt ernst nehmen, der mit offener Hose herumläuft.»

Da haken wir mal ganz kurz neutral ein und sagen: Mareike, du hast recht! Was wäre selbst aus Männern wie John F. Kennedy geworden? Ein Satz wie «Ich bin ein Berliner» wäre im Berliner Kommentar untergegangen: «Det is jut, John. Aber kiek mal, du hast unten Tach der offenen Tür. Oder soll det schon mal die Öffnung der Mauer symbolisieren?» Er wäre als der Mann mit der offenen Hose in Erinnerung geblieben. Na gut, uns geht gerade auf, wenn wir an seine vielen Affären denken, wäre das nicht ganz so abwegig. Er ist hierfür vielleicht kein so gutes Beispiel, wenn wir ihm auch sonst viel zu verdanken haben. Aber es ist klar, was wir meinen, oder?

«Und wieso», fragt Mareike, «passiert das eigentlich immer Jungs? Wieso nicht den Mädchen?»

«Weil», kontert Erwin, durchdrungen von mental unbeeindruckter Männlichkeit, «wir nun einmal gerne dem kleinen Mann die große Welt zeigen.»

Nein, nein, nein, das kann nicht sein, denkt Mareike. Hinten hängt den Jungs die Hose bis untern Schlüpper runter und dann vorne auch noch auf? So viel Offenheit verträgt kein Mensch. Aber wie bringt sie ihren Sohn dazu, sich daran zu erinnern, die Hose zuzumachen? Ermahnungen haben bisher nicht geholfen.

Der Trick: Meine liebe Frau Gesangverein
Von Mareike (42), Verkäuferin, für ihren Sohn Henri (12)

Mareike liebt Schlagermusik. Ihr Sohn hasst Schlagermusik. Und noch mehr hasst er es, wenn er die Melodien gegen seinen Willen mitsummen muss, nachdem er unfreiwillig Ohrenzeuge von Mutters Katastrophenmusikgeschmack war. Und was tut Mareike? Sie weiß, wie sie sein frühpubertäres Gehirn erreichen kann: mit Musik. Sobald sie eine offene Hose sieht, singt sie schlagerfertig los:

Schön ist es, auf der Welt zu sein,
wenn die Hose schließt von ganz allein ...
(Melodie: «Schön ist es, auf der Welt zu sein» – Roy Black & Anita)

oder:
Tausendmal berührt, tausendmal ist nix passiert.
Tausend und eine Nacht, und er hat die Hose zugemacht.
(Melodie: «Tausendmal berührt» – Klaus Lage)

oder:
Der kleine Junge kommt grad vom Klo,
die Hose offen, das hat Niveau ...
(Melodie: «Der Puppenspieler von Mexiko» – Roberto Blanco):

oder:
Ich will keine Schokolade,
ich will einen jungen Mann,
der den Reißverschluss bedienen
und die Hose schließen kann ...
(Melodie: Ich will keine Schokolade – Trude Herr)

oder ganz einfach:
Du hast die Hose auf!
Du hast die Hose auf!
Du hast, du hast, du hast die Hose auf!
(Melodie: «Du hast die Haare schön» – Tim Toupet)

Und wir lernen: Musik trifft Herz, Hirn ... und Hose. Denn Henri hatte diese Zeilen jetzt immer im Ohr, wenn er seine Hose anzog, und hat nach ein paar Wochen Lernphase nie wieder, das können wir wirklich so weitergeben, nie wieder die Hose aufgelassen. Mit großer Freude hört Mareike jetzt manchmal, wenn sie an der Toilette vorbeigeht, wie ihr Sohn eins der Liedchen summt: «Schön ist es, auf der Welt zu sein, wenn die Hose schließt von ganz allein ... lalalala-lalala ...» Dass das eventuell später in seinem Leben, wenn Henri etwa auf der Firmentoilette lossingt, auch zu gesellschaftlichen Komplikationen führen könnte, verbuchen wir jetzt einfach mal als ein typisches Restrisiko der Pädagogik. Es kann halt immer was in die Hose gehen.

Schau heimwärts, Engel

Samstagabend, 23 Uhr. Dennis, 14, sollte schon seit einer Stunde zu Hause sein. Es ist nicht das erste Mal, dass er zu spät nach Hause kommt. Das heißt, er ist durch die viele Übung mittlerweile richtig gut darin. Nur die Ausreden, warum er sich nicht meldet, wenn er später kommt, sind im Laufe der Zeit trotz Übung nicht besser geworden:

- Ich hatte keinen Handyempfang.
- Mein Akku war leer.
- Ich hatte mein Handy verloren, dann später aber wiedergefunden.
- Meine Prepaidkarte ist ganz plötzlich leer gewesen.
- Ich hatte den Adressspeicher versehentlich gelöscht und wusste unsere Telefonnummer nicht mehr. Später waren die Adressen einfach so wieder da.
- Mein Handy hat sich ausgeschaltet. Und die Handys von den anderen auch. Das war voll merkwürdig.
- Keiner, den ich gefragt habe, hatte ein Telefon. Die hatten das an diesem Tag alle zu Hause vergessen (und damit meint er alle Freunde und alle Leute, die er auf der Straße angesprochen haben will).

Für heute hat er noch keine Ausrede parat. Denn heute meldet er sich überhaupt nicht, wie wir an Papas Handy sehen können.

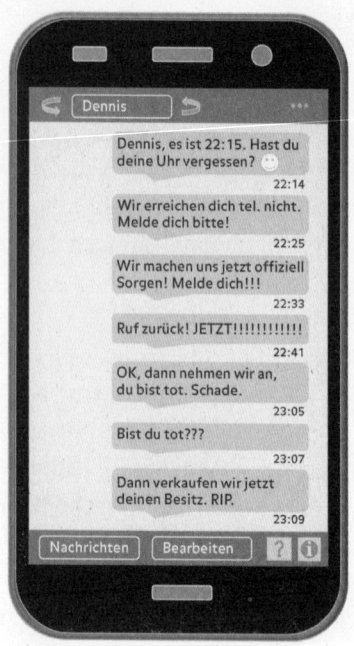

Dennis

> Dennis, es ist 22:15. Hast du
> deine Uhr vergessen? 😊
>
> 22:14

> Wir erreichen dich tel. nicht.
> Melde dich bitte!
>
> 22:25

> Wir machen uns jetzt offiziell
> Sorgen! Melde dich!!!
>
> 22:33

> Ruf zurück! JETZT!!!!!!!!!!!!!
>
> 22:41

> OK, dann nehmen wir an,
> du bist tot. Schade.
>
> 23:05

> Bist du tot???
>
> 23:07

> Dann verkaufen wir jetzt
> deinen Besitz. RIP.
>
> 23:09

Nachrichten   Bearbeiten   ? ⓘ

Der Trick: Verlinkter Leichenschmaus

Von André (51), Radiologe, für seinen Sohn Dennis (14)

«Dann verkaufen wir jetzt deinen Besitz. RIP.», schreibt André. Eine lustig-makabere Drohung. Aber was, wenn sie todernst gemeint ist? Was, wenn der Vater den neuen Monitor seines Sohnes fotografiert, ein Monitor, der die schnellsten Spielegrafiken haarscharf wiedergibt und den der Sohn erst kürzlich zum Geburtstag bekommen hat? Was, wenn der Vater diesen Monitor bei eBay-Kleinanzeigen für 50 Euro reinstellt und dazu schreibt: «Wegen plötzlichen Todesfalls günstig abzugeben»? Und was, wenn der Vater einen Link davon an die Freunde seines Sohnes schickt? Was passiert dann? Das:

Dennis

> Wir erreichen dich tel. nicht.
> Melde dich bitte!
> > 22:25

> Wir machen uns jetzt offiziell
> Sorgen! Melde dich!!!
> > 22:33

> Ruf zurück! JETZT!!!!!!!!!!!!
> > 22:41

> OK, dann nehmen wir an,
> du bist tot. Schade.
> > 23:05

> Bist du tot???
> > 23:07

> Dann verkaufen wir jetzt
> deinen Besitz. RIP.
> > 23:09

SPINNT IHR? Komme jetzt!!!
Mein Handy war kaputt!!!!!
23:15

Nachrichten   Bearbeiten

Tiere töten? Nein!

Diana sitzt mit ihrer sechsjährigen Nichte Melissa bei Kakao und Keksen am Küchentisch. Ach, das ist herrlich. Die beiden scherzen und lachen, sie verstehen einander ganz wunderbar. Tante und Nichte, so wie es sein soll. Zwei aus gleichem Holz, zwei vom gleichen Schlag. Bis jetzt. Ein ungebetener Gast bricht in die Idylle, eine Fliege. Ihr sardonisches Summen kündigt es an: In wenigen Sekunden wird der harmonische Wertekanon der zwei verwandten Seelen empfindlich auf die Probe gestellt. Denn kaum setzt sich die Fliege auf die Kekse, scheucht Diana sie weg. Und als sie wieder im Anflug ist, nimmt Diana die Zeitung und schlägt sie mit einem Schlag tot. Das ist zu viel für Melissa. Mit großen Augen deutet sie auf die Fliege und ruft: «Nein, nicht töten, keine Tiere töten, das macht man nicht! Das darfst du nicht! Du hast sie umgebracht! Warum hast du sie umgebracht? Sie ist tot! Du hast sie getötet!»

«Was? Es ist doch nur eine Fliege. Beruhig dich!», erwidert Diana.

«Nein, du hast sie getötet. Man darf keine Tiere töten. Das darf man einfach nicht!»

Melissa steigert sich immer weiter hinein, wird immer lauter. Damit hat Diana überhaupt nicht gerechnet. Sie überlegt, wie sie die Situation retten kann, während ihr folgende Gedanken durch den Kopf schießen: Woher hat dieses Kind überhaupt so eine überzogene Ansicht? Ist ihre Nichte etwa der wiedergeborene Dalai Lama? Nein, der ist ja noch gar nicht tot. Hat Buddha nicht gesagt: «Bevor du ein Tier töten willst, stell dir vor, es wäre deine Mutter»? Ja, aber das hab ich doch, Buddha kennt meine Mudda nicht, das war gerade eine Freud'sche Befreiungshandlung. Nein, nein, nein, denkt Diana, das Wertesystem meiner Nichte ist ja total im Arsch. Hier einen auf Fliegenliebe machen, aber wenn die Fleischereifachverkäuferin mit der Mortadella wedelt, wird doppelt und dreifach zugeschlagen. Da bleibt es nie bei einer Scheibe. Als ob das Fleisch von Tofuschweinen wäre. Gerade will Diana gedanklich noch zu einem größeren moralischen Rundumschlag ausholen, da kommt ihr wie vom Blitz getroffen ein Trick in den Sinn …

Der Trick: Abrakadaver

Von Diana (28), Chemikerin, für ihre Nichte Melissa (6)

Diana deutet auf die Fliege am Boden. «Ach, Melissa, die ist nicht tot. Ich hab sie doch nur k. o. geschlagen. Die ist nur bewusstlos.»

«Ehrlich? Nur bewusstlos? Was heißt das?»

«Na, dass sie gleich wieder lebt. Hier, ich nehme sie hoch und ...» Diana nimmt die Fliege auf die Zeitung, hält sie mit einer Zeitungsseite etwas verdeckt und: «Da, sie bewegt sich schon wieder. Flieg, kleine Fliege, flieg wieder fort.» Diana öffnet das Fenster und wirft die Fliege im weiten Bogen hinaus: «Flieg, kleine Fliege! Tschüs, Fliege!»

Diana wendet sich an Melissa, die aufgesprungen ist, um die Fliege fliegen zu sehen.

«Melissa, sag: Tschüs, Fliege!»

«Tschüs, Fliege!», ruft Melissa artig.

«Siehst du, wie sie wegfliegt?»

«Nein.»

«Na ja, die ist ja auch schon zu weit weg. Dahinten, ganz weit weg. Tschühüüüss!», ruft Diana.

«Tschühüüüss!», ruft Melissa.

Und so ist zwischen Tante und Nichte wieder alles in Ordnung, während unten vorm Haus der Fliegenkadaver von Ameisen fachmännisch auseinandergenommen wird und die Welt, wie es so schön heißt, ihren Gang geht.